中学受験

大学付属校合格バイブル

野田英夫

ダイヤモンド社

はじめに ▼ なぜ今、大学付属校が人気なのか？

近年、中学受験を考える親たちの間で、早慶（早稲田・慶應）やGMARCH（学習院・明治・青山学院・立教・中央・法政）、関関同立（関西・関西学院・同志社・立命館）を中心とする大学の付属中学の人気が急上昇しています。

おそらくこの本を手に取ってくださったあなたも、お子さんを大学付属校に行かせたいと考えているのではないでしょうか？

では、なぜ今、大学付属校が人気なのでしょうか？　その理由は大きく分けて三つあります。

まず**一つ目が、２０２１年1月から大学入試センター試験に代わって始まる「大学入学共通テスト」の実施**です。この試験では「知識の理解の質を問う問題や、思考力、判断力、表現力を発揮して解くことが求められる問題を重視する」とされています。簡単に言えば「覚えていればよかった」記憶力重視から、覚えた知識を「どのように活用するか」の多様性重視の入試になるということです。2019年にいったん見送られた英語の民間試験の活用も、どうなるかいまだ不透明。国公立の大学入試の先行きが見えないなら、難関私立大学にほぼ確実に行ける**大学付属校を中学から選びたいという親が多くなった**のです。

二つ目は、文部科学省が2016年度から私立大学の定員を厳格化したことです。定員は従来からあったのですが、これまではたとえば定員1000名の大学が、辞退者が出ることを想定して、1500名を合格させるという運用がなされていました。ところが、これでは大都市圏の大規模私立大学に学生が集中してしまうため、定員を大幅に超えて学生を入学させた私立大学は、助成金が減らされることになったのです。

その結果、大都市圏の私立大学の合格者数は減少。一般入試で早慶やGMARCH、関関同立といった**難関大学に合格することが難しくなった**というわけです。

さらに、この定員の厳格化によって、今まで多くの私立大学に合格者を出していた中堅・難関進学校の有名私立大学の合格者数が減ってきています。

たとえば、年々受験者を増やしている難関進学校の広尾学園ですが、

早慶上智現役合格者数　２０１７年１３５名⬇２０２０年１３４名（1名減）
ＧＭＡＲＣＨ現役合格者数　２０１７年１９２名⬇２０２０年１７２名（20名減）
と、特にＧＭＡＲＣＨで現役合格者数を落としています。

三つ目は、大学付属校の良さが見直されてきたことです。
子どもの将来のためには、中学・高校の6年間を大学受験のためだけに費やすのではなく、子どもがやりたいことに時間を費やしたほうがいい、それが**子どもの才能を伸ばすことになる、**と考える親が増えているのです。

このように、大学付属校の人気はますます過熱しているのですが、実は、大学付属校志望者の親御さんにすら、あまり知られていない事実があります。
それは、大学付属校と御三家をはじめとした進学校では、中学入試の出題傾向が全く違うということです。同じ偏差値帯の学校であっても、大学付属校と進学校では出題傾向が違うために、対策も大きく異なることになります。

▼早慶付属校合格率12年連続日本一の合格実績から見えてきたこと

私は早慶中学合格率12年連続ナンバー1の「早慶維新塾」の塾長をしております。また、2020年2月から早慶維新塾のDNAを引き継いだ新ブランド「早慶ゼロワン」を開校いたしました。

私の塾は、早慶をはじめとする大学付属中学に合格することを目的としており、早慶付属校合格率は12年連続日本一で、その率は約8割、**すべての大学付属中学にまで広げれば、合格率は100%**を達成しています。

大手の塾についていけず、5年生や6年生で転塾してくる生徒さんも多く、また、入塾テストで足切りもしていないので、皆さん、ごく「普通のお子さん」です。

それなのに、なぜ、このような実績を出せるのか。

それは、私たちが早慶をはじめとした大学付属校の入試問題を知り尽くし、それに特化した対策をしているからです。

前述したように、**大学付属校と御三家を筆頭とする進学校では、入試問題の傾向が大きく異なります**。そのため、受験勉強の方法も全く違ってきます。

ところが、そのことを知っている親はほとんどいません。塾関係者の中には知っている人もいるかもしれませんが、多くの大手進学塾の授業およびテキストが、御三家をはじめとした進学校に合格するためのものとなっているので、そういった出題傾向の違いを親に伝えることはありません。

ですから、多くの親は進学塾の先生の言うとおり難しい問題を解いていれば、たとえ御三家はダメだったとしても、それよりも偏差値の低い大学付属校になら受かるだろうと考えているのです。しかし、残念ながらそうはならないケースが多いのが現状です。

▼大学付属校に〝特化した〟勉強で逆転合格はかなう

逆に、進学校向けの大手進学塾で落ちこぼれても、大学付属校向けの勉強方法や対策に特化した勉強をすれば、高い偏差値の大学付属校に逆転合格することも可能なのです。事実、私の塾では6年生から入塾しても、**入塾時より偏差値が20も高い大学付属校に合格する子が毎年います。**

また、そもそも、お子さんの将来や性格などを考えたときに、難関進学校に向いているのか、大学付属校に向いているのかを早い段階で見分けることも大事です。

もし、大学付属校を第一志望にするなら、一刻も早くそれに特化した勉強をすることが最善です。**ひと口に中学受験と言っても、大学付属校と進学校とでは、やるべきことが違います。** 進学校に合格するための勉強がすべて無駄とは言いませんが、大学付属校を目指すのであれば、やらなくてもいいことがあるのも事実です。その事実を知ることで、お子さんに余計な負担をかけることなく、確実に大学付属校合格を勝ち取ることができます。

本書は、大学付属校を志望校としている方のために、その特徴や入試問題の傾向、さらにはそのための最も効率的で効果的な勉強法までを書いた、大学付属校に〝特化した〟受験対策書です。読者の皆様が、お子様にとってベストの選択をし、合格を勝ち取るための参考として、お役立ていただければ幸いです。

＊大学付属校の学校の名称には「付属」も「附属」もありますが、本書では、学校の固有名詞以外は「付属」で統一しています。

＊本書で出てくる偏差値は、関東では首都圏模試センター「２０２１年中学入試予想偏差値（合格率80％）」、関西では日能研「２０２０年入試　予想Ｒ４（合格可能性80％ライン）　２０１９年10月30日版」を使っています。なお、偏差値や合格者数などの最新のデータはhttps://xn--hjux2h.jp/analysis/で見られます。

＊本書に登場する生徒の名前や背景は、個人を特定されないよう、変更しています。

目次

第1章

どんな子が大学付属校に向いているか

第2章

大学付属校の出題傾向

第3章

大学付属校受験のための塾の選び方・使い方

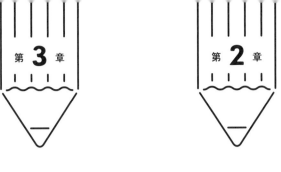

第4章 「やる気」も「学力」も上がる野田式勉強法

第5章

大学付属校受験のための「模試」活用術

第6章

大学付属校受験のための「過去問」対策

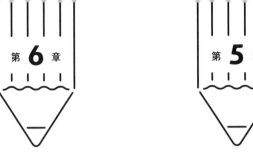

第7章 得点力が一気にアップ！ 科目別「10の攻略法」

第8章

志望校と併願校はこう選ぶ！

巻末特典

学校紹介&傾向分析 大学付属校完璧ファイル
早慶GMARCH／関関同立／医学部系 全39校

第1章

どんな子が大学付属校に向いているか

1

「テクニックがあれば合格できる」は幻想である

最初に親御さんにお伝えしておきたいのは、中学受験成功のためには、二つの柱があるということです。一つ目の柱は、本書でも多くお伝えしていくような「合格のためのテクニック」です。出題傾向、勉強法、塾選び、模試の使い方、併願校の決め方などの知識を得ること、その知識を活用することが、それにあたります。

そしてもう一つの柱は「中学受験に対する思い」です。つまり、受験の目的です。なぜ中学受験をするのか。なぜその学校を受けるのか。それが子どもの中で明確になっていないと、過酷な中学受験を乗り越えることはできません。先ほどの**テクニックにも増して重要なのは、この「中学受験の目的」**なのです。

子どもというのは、コップのようなものです。どんなに能力があっても、地頭がよくても、**中学受験の目的がわかってない子というのは、コップが「逆さ」になっているようなもの。**いくらこちらで知識を注いでも、入っていかないのです。ただただ流れていってしまうだけ。これでは、せっかくの勉強や時間が無駄になってしまいます。同じことを何度言ってもわかってくれないのは、コップが逆さになっているからです。

もしかすると「うちの子もそうかもしれない……」と思われたのではないでしょうか。これは何も皆さんのお子さんだけの話ではありません。長年中学受験の指導をしていますが、「なぜ受験するの？」「なぜこの学校なの？」と質問して答えられる子は、生徒の約2割。**8割の子が、具体的な目的を持たずに、受験勉強を始めてしまっています。**「親にやらされている」という気持ちを持っている子もいます。受験が「自分ごと」になっていないのです。**受験が自分ごとになっている状態を、私は「自分受験」と呼んでいます。**

▼中学受験の目的は親子で一致しているか？

中学受験における親の最初の役割は、**「受験の目的を共有すること」**、これに尽きます。

周りが塾に行き始めた。「それならうちもそろそろ」と、なんとなく近くの塾や実績が出ている塾に通い始める。気がついたら中学受験が始まっている……。そんなご家庭も多いはずです。

もしそうだとしたら、一度ここで立ち止まりましょう。そして、親子で中学受験の目的について、話をしてみてください。お子さんは本当に受験をしたいのか。それはなぜか。

そして親はなぜ受験をさせたいと思っているのか。それぞれの思いについて、話をしてみましょう。

この思いが合否につながる学校もあります。

慶應です。慶應は面接が合否に与える影響が大きい学校ですが、面接で確認されるのは、「受験の目的が親子で一致しているか」という点です。慶應には、三つの中学校があります。慶應義塾**普通部**、慶應義塾**湘南藤沢**中等部（SFC）、慶應義塾**中等部**です。中等部では親子3人の面接で、湘南藤沢においては、本人面接で聞いたことを、保護者面接で確かめるという念の入れようです。子どもと親が同じ方向を向いているかどうかを面接で確認しているのです。

保護者の中には、「テクニックがあれば合格できる」と信じている人がいます。大多数といってもいいかもしれません。しかしそれは幻想です。しっかりした中学受験の目的を親子で持っていないと、どんなテクニックも結局身につかないからです。**親の役割は、まず子どものコップを上向きにすること**なのです。

▼ 偏差値50からたった10カ月で早大学院に逆転合格

目的の大切さは、逆転合格をした例からもわかります。

5年生の3月、受験まであと1年というところで、私の塾へやってきた〝のりくん〟。算数の成績が伸び悩み、大手塾からの転塾を決意したとのことでした。この1年は、のりくんにとって過酷な1年でした。お父さんが経営する会社の裁判で敗訴し、住んでいた家を売却しなければならなくなったのです。敗訴が決まってしばらくすると、のりくんは「弁護士になりたい」と言うようになりました。お父さんのように**困っている人を助けたいという思いを持つようになった**のです。6年生になった4月には、「早稲田大学に行って法学部に入る」と話すようになりました。それからのがんばりと成績の伸びには、目を見張るものがありました。苦手にしていた算数の成績も改善し、**6年の初めに50だった偏差値が、最終的には69まで上がりました。**受験直前期には算数の成績が一番よかったほどです。そして、結果は5校受けて全て合格。第一志望だった早大学院へ進学することができました。

のりくんとご家族にとって、非常につらい1年ではあったのですが、中学受験の目的が明確になったことで、勉強の姿勢も変わり、それに伴い成績は急上昇しました。そして合格を勝ち取ることができたのです。「絶対に合格する」という強い目的がなければ、このような結果には結びつかなかったと思います。

ここまで強烈な出来事でなくても、**その子に目的があるかないかで、合格可能性は大き**

く変わります。その目的が大人にとっては些細なことでも、子どもにとって受験のモチベーションになるなら全く問題はありません。

「将来、アナウンサーになりたい」

「この学校で馬術部に入りたい」

「この学校の制服をぜったいに着たい！」

大人にとっては、些細と思えるような夢でも、子どもにとっては大きなモチベーションになります。どんなに子どもっぽい目的であっても、合格可能性は実際に高まるのです。なぜなら、目的がある子というのは**「言われた以上の勉強を自らする」**ようになるからです。

どんなにいい塾に通っても、塾での勉強時間はたかが知れています。**受験というのはいかに「塾以外の時間、勉強できるか」にかかっているのです。**目的がないと、「塾で言われたことをやる」というレベルにとどまってしまいます。目的があるかないかが、テクニック以上に合格を引き寄せる要素となるのは、その子の勉強の量と質に直接関わってくるからです。

そしてその目的によって、お子さんが付属校を選ぶか、進学校を選ぶかが変わってきます。お子さんと中学受験の目的を確認し、志望校を決めるためにも、まずは親御さんが付属校と進学校の具体的な違いをしっかりとおさえておきましょう。

2 大学付属校と進学校は全く違うと心得る

中学受験では、学校は大きく二つに分類されます。一つが、内部進学を基本とする「大学付属校」、そしてもう一つが、大学受験をして国公立や難関私立を目指す「進学校」です。

大学付属校をさらに分類すると、大学と運営する学校法人が同じ「付属校」と、運営する学校法人が違う「系属校」に分かれますが、本書では特別な場合を除き、まとめて「付属校」として表記します。有名大学にはそれぞれ、複数の付属校があります。たとえば早稲田大学の付属中学校でいうと、

早稲田大学高等学院中学部（男子・付属校）
早稲田実業学校中等部（共学・系属校）

中学受験できる学校には大学付属校と進学校がある！

■大学付属校…系列大学への内部進学が基本

・早慶 GMARCH・関関同立などの私立大学の付属校

早＝早稲田　慶＝慶應　G＝学習院　M＝明治　A＝青山学院
R＝立教　C＝中央　H＝法政
関＝関西　関＝関西学院　同＝同志社　立＝立命館
＊それぞれの大学が複数の付属校を持つ

■進学校…難関大学を受験するのが基本

・男子御三家・女子御三家ほか私立の進学校多数

男子御三家＝開成・麻布・武蔵
女子御三家＝桜蔭・女子学院・雙葉
共学校＝渋谷教育学園幕張・渋谷教育学園渋谷・広尾など

・公立中高一貫校…進学校の一種だが、「適性検査」と呼ばれる私立中学とは違うタイプの入学試験がある。

早稲田中学校（男子・系属校）
早稲田佐賀中学校（共学・系属校）
と、中学受験ができる四つの学校があります。

巻末の「大学付属校　完璧ファイル」にもあるように、**同じ大学の付属校でも、それぞれ校風も偏差値も、系列大学への内部進学率・他大学への進学率なども様々**です。

一方、**大学受験で難関大学を目指すための学校が「進学校」**で、そのトップに位置するのが、首都圏ではいわゆる「御三家」です。「開成、麻布、武蔵」の男子御三家、「桜蔭、女子学院、雙葉」の女子御三家が有名ですが、「新御三家」と呼ばれる学校もあります。諸説ありますが、男子では「駒場東邦、海城、巣鴨」、女子では「豊島岡、鷗友学園、吉祥女子」などが入ります。

最近では共学志向も高まり、渋谷教育学園幕張、渋谷教育学園渋谷、広尾などの人気も高まっています。御三家を蹴ってこれらの人気上昇中の学校に行く生徒もいて、進学校の序列も変わりつつあります。いずれにせよ、大手進学塾の多くが、これら「御三家」を筆頭とする難関進学校への合格者数を競い、日々しのぎを削っています。

さらに**もう一つのカテゴリーとして、私立の進学校の他に、「公立の中高一貫校」があります。**都立や区立、県立の中高一貫校は、公立中学の学費で手厚い教育が受けられることと、進学実績の高さなどから、中学受験のもう一つの目玉にもなっていますが、出題傾向が私立入試とは全く違うため、第一志望として狙うにはそれ相応の対策が必要となります。

本書では、これらの公立校についてはあまり言及しませんが、比較のために言及する際には「公立中高一貫校」として、私立の「大学付属校」「進学校」とは分けて表記します。

▼「大学受験のためだけの勉強」が不要なのが付属校最大のメリット

「大学付属校」と「進学校」の大きな違いは、大雑把に言えば、付属校は入学した子を**「自分の大学に進学するのにふさわしい学生として育てる学校」**、進学校は**「よい大学に合**

格させるための学力をつける学校」です。付属校の中には、多くの学生が他大学を受験する「進学校的付属校」もありますが、ここではイメージをつかむために、大きく「付属校」と「進学校」に分けてお話しします。

この二つの学校は、入学後の「目的」が大きく異なります。

付属校は、望まなければ基本的には大学受験をする必要がありませんから、そのぶん中学、高校の6年間を様々なことに使うことができます。本気でスポーツに取り組んでもいいですし、趣味に没頭してもいい。将来の仕事につなげるスキルを身につけてもいいでしょう。興味ある分野の研究をする子もいます。高校受験だけでなく、大学受験がないことで、好きなことに時間を有効に使えるのです。

ただ、勉強は楽ではありません。付属校を「エスカレーター式」と勘違いしている人がいますが、自動的に大学までの進学を保証してくれるわけではありません。内部進学率は学校によって差がありますし、「学部選択は成績順」とする学校も多いのです。「ラクして大学まで」と安易な発想をしていると後悔することになりますが、**「受験のための勉強」をしなくてすむのは大きなメリットです。**

▼上位の進学校は予備校状態になることも

一方の進学校は、上に系列の大学がないため当たり前ですが、大学受験をしなければなりません。中学校時代の2～3年間は、部活動や課外活動などに専念することも可能ですが、高校になったら大学受験に向けての勉強が始まります。そうしないと、**難関大学に合格することができないから**です。

もちろん個々の学校にはそれぞれ素晴らしい教育方針がありますが、親が難関大学への進学を子どもに望んでいる場合も多いので、どうしてもそれが第一の目標になりがちです。ですから、**上位の進学校になればなるほど、実質的に難関大学合格のための「予備校状態」となってしまうことも多い**のです。

また、進学校の上位クラス（進学クラス）に入ると、推薦がもらえず一般受験をしなければならない学校もあります。学校側としては、成績優秀者には一般受験で合格数を稼いでもらいたいからです。

まずは大学付属校と進学校、その二つの違いをはっきりと認識していただきたいと思います。

3 やりたいことがあるなら、大学付属校を選ぶ

前述したように、付属校のメリットは、中学で入学したら基本的には「受験のためだけの勉強」をせずに過ごせるということです。普通に高校受験、大学受験をすれば、15歳、18歳という年齢で、続けてきたことをストップしなければならなくなります。それでも、受験勉強が1年ですめばいいですが、2年前くらいから「そろそろ準備を」となる子も多く、受験がこれまで続けたことを中断、中止するきっかけとなることも多いのです。

これは中学受験でも同じで、中学受験のためにいまやっているおけいこやスポーツをやめさせたくないというご意見もあります。しかし、まだ身体が成熟していない12歳での中断と、伸び盛りの15・18歳での中断では、大きな違いがあります。特に運動系では、後者での中断によるデメリットは顕著でしょう。**もしお子さんが何かに夢中なのであれば、それを中断させないという理由での、付属校受験は賢い選択**と言えます。

私のところにも、野球を続けたい、サッカーを続けたい、水泳を続けたいという理由

で、付属校を目指すお子さんが集まります。伸び盛りの10代後半に、受験で中断することなく好きなことを続けられる付属校は、それだけで魅力的だと言えます。

▼大学付属校の方がむしろ視野が広がる！

今まではよく、「選択肢をせばめたくないから大学付属校は選びたくない」という親御さんがいらっしゃいましたが、私は逆だと思っています。受験のためだけの勉強をしなくてすむぶん、子どもには、将来、自分が何をやりたいのか、どんな勉強をしたいのかを考える時間がたっぷりあります。途中でやはり他大学を受験したいと思えば、もちろん、それも可能です。

付属校の説明会や、出題される問題を見ていると、学校側が「視野の広い子」を求めていることがわかります。単に勉強だけをしてきた子より、生活の中で文化を学び、社会と関わり、世の中に興味を持っている子を求めていることが感じられます。私はこれを「**勉強するための素地がある子**」と言っています。これから「**がんばって伸びる子**」、と言い換えてもいいかもしれません。

慶應普通部の「目路はるか教室」は、子どもたちに新しい興味の扉をひらく役割をしています。これは社会に出た卒業生による特別授業で、「全体講話」だけでなく、20～30人で受講する「コース別授業」があり、そのほとんどが講師の職場で開催されています。社会で活躍する卒業生の職場に足を運び、実際に学べる貴重な機会です。また、慶應湘南藤沢では、プレゼン大会やマーケティング・広告手法などを学ぶ授業、模擬国連への参加など、実社会に通用する授業が日常的に行われています。

▼「勉強が嫌いだから付属」は間違い

過酷な勉強をして合格してきた大手進学塾出身者の中には、付属校に入学した途端、勉強をしなくなる子も多いそうです。彼らは**「合格したら嫌な勉強をこの先しなくていい」**と聞かされて大学付属校を選んだのでしょうが、将来が不安になります。

「勉強が嫌いだから付属」と考えていると、入学してからかえって苦労することになるからです。**付属校では、自主的に様々な機会を生かして自分の将来につながる勉強をしていかねばなりません。**受験がないため勉強への強制力が働かないこともあり、ぼんやりしていると、あっという間に、何も身につかず中高が終わってしまいます。そして「ただ通っているだけ」の6年間は、子どもにとってもつらいだけ。

付属校を志望校にするのであれば、お子さんが「やりたいことがあるか」「やりたいことを自主的に見つけられそうな子か」、いま一度考えてみるといいでしょう。

4
大学付属校は子どもっぽい子が受かりやすい？

前項で「大学付属校」と「進学校」では、生徒を教育する目的が違うというお話をしました。**学校の目的が違うのですから、受験生を選考する入学試験が異なるのも当然のこと**。

進学校では、将来の大学受験に対応できる生徒を集めなければなりません。そのため、より**「難易度の高い入学試験」**になっています。中学入試の時点で、大学入試に耐えうる高い学力があるかどうかを判断する必要があるからです。さらに、「論理的思考力」があるかどうかも試しています。ざっくりいえば、これが「進学校」の入試問題の特徴です。

では、「付属校」はどうでしょうか？　同じ偏差値帯の学校であっても、付属校では進学校に比べ基本問題を重視する傾向があります。また、設問が広範囲にわたり、子どもに広い視野を求める出題となっています。**学校は、様々なことに興味を持っている生徒を求めているのです。**日常生活の知識や、日本人の文化や習慣に関する問題も出題されます。

それは受験勉強の知識に限らず、幅広い教養、関心を持つ生徒を求めているからです。

▼「伸びしろのある子」が求められる

付属校に合格した子を見ていると、子どもらしい子が多いことに気づかされます。男子など特に、やんちゃな部類に入る完成されていない子が多い。一方、**御三家のような難関進学校に難なく受かるような子は、大人びていて成熟度の高い子が多く、自分をコントロールすることにたけています。**「本当に6年生!?」というような子も大勢います。

付属校に合格する子が、なぜ子どもらしいのか。これは長年の経験からの想像ですが、「育てる余地がある」と可能性を買われるからだと推測しています。付属校の説明会に行くと、「自校で立派に育てたい」という学校側の姿勢を感じます。系列の大学へ入学させるためというだけでなく、その先の社会へ立派に送り出したいという思想です。伝統的に日本の教育を担ってきた大学として、未来を支える人材を育てるという使命感をもって教育に当たっているのです。そのために、完成された子ではなく、子どもらしいけれども様々なことに興味のある「伸びしろの多い子」を選んでいるのだと私は考えています。

ですから皆さんのお子さんが、**「まだまだ子どもっぽくて困る」「親が注意しないと勉強しない」といった、いわゆる普通のお子さんでも、付属校の扉はひらかれている**と言っていいでしょう。

5

同じ大学の付属校でも、内部進学率には大きな差がある

お子さんを「付属校に入れたい」と考える皆さんが一番気にするのが、系列大学への進学率です。一口に「付属」といっても、内部推薦における進学率には大きな差があります。たとえば早稲田系でいえば、**早大学院はほぼ100％**。つまり希望すれば早稲田大学へ進学することができるし、実際、ほぼ全員が希望しているということです。

一方、**特徴的なのが早稲田中学**です。早稲田大学と隣接しているこの学校ですが、**早稲田大学への進学率は50％**ほど。実はこの学校は進学校としても機能しており、毎年現役で30名前後が東京大学へ合格しています。その他の有名国公立大学だけでなく、医学部への進学者も50名前後で推移。実際に早稲田大学の推薦枠は使い切れずに残されています。

このように見ていくと、同じ大学付属校でも、学校によって大学への進学率が大きく違うことがわかります。**「早稲田の付属」といっても、ほぼ全員が早稲田大学へ内部推薦で**

進学する学校と、他大学へ挑戦する生徒が半数以上を占める学校では、雰囲気が違います。また、外部受験が多い付属校の場合、上位の国公立が多いのか、中堅私立が多いのかでも雰囲気は違うでしょう。

▼内部進学率がほぼ１００％の付属校はどこ？

では内部推薦での進学率の高い付属校には、どのようなところがあるのでしょうか。詳細は巻末の「大学付属校　完璧ファイル」を見ていただくとして、ここでは、内部推薦での進学率が80％以上の高校をあげましょう（特にことわりがない場合は共学校です）。

まず早稲田では早大学院（男子）、早稲田実業の2校の生徒はほぼ全員早稲田大学へ進学します。慶應は慶應義塾（男子）、慶應志木（男子）、慶應女子（女子）、ＳＦＣの国内4校すべてで、ほぼ１００％の進学率を示しています。ちなみに慶應の中学受験において、受験できるのは3校。ＳＦＣは一貫校ですから、そのまま高等部へと進学します。普通部と中等部に入学した男子は大半が慶應義塾に、共学である中等部に入学した女子は、高校は基本的に慶應女子に進学します。

明治では明大明治、明大中野八王子、明大中野（男子）ともに80％以上が明治大学へ進学。

青山学院で80％超えは2020年現在は青山学院高等部のみですが、2021年度以降には横浜英和の内部推薦での進学率は100％に近くなるとされています。

立教では立教池袋（男子）が約90％近く、立教新座（男子）が約80％。立教女学院（女子）は55％が立教大学へ進学し、国公立を含め他大学への進学も高い女子校となっています。

中央で80％を超えるのは中大附属。中大附属横浜は中央への推薦枠もありますが、国公立を含めた進学実績の高い学校です。

法政では法政中学校と法政第二です。法政中学校は約85％の生徒が法政大学に進学しています。また、法政第二は高校からの入学者も多く、1学年600人を超えるマンモス校ですが、9割近い生徒が法政に進学します。

学習院（男子）と学習院女子（女子）は2校とも、5割前後の生徒しか学習院大学へ進学していません。

次に関西の、関関同立の付属校を見てみましょう。

関西のこれら四つの大学に共通する特徴として、「付属校の内部推薦を含めた、推薦入試で入学する生徒が多い」ということがあげられます。一般入試の枠は、立命館で約60％、同志社と関西大学で約50％、関西学院大学に至っては約37％しかありません。つまり関西のこれらの大学は、「AO入試」や「指定校推薦」枠なども増えていて、一般入試で入ることが非常に難しくなっているのです。たとえば同志社大学は、付属校からの入学者が17％にのぼります。

それでは学校別に詳しく見ていきましょう。関西大学では関西大学第一が80％以上。関西大学高等部からは他大学への進学が多く見られます。関西学院は関西学院高等部。関西学院千里国際は内部進学は半分弱で、海外に進学する生徒も多い学校です。また提携校である啓明学院はほぼ100％の進学率です。同志社では、同志社、同志社女子（女子）、同志社香里、同志社国際の4校ともに80％以上。関西の私立トップ校である同志社の人気の高さがこの数字からもうかがえます。立命館の中で内部進学率が高いのは立命館守山。立命館宇治もほぼ80％台の数字となっています。立命館高校と北海道にある立命館慶祥は京大など他大学への進学で存在感を見せています。

また、P．180で詳しく説明しますが、**内部推薦の保険を持ちながら、他大学を受験できる学校も増えています。**そういった意味においても、大学付属校はお子さんの選択肢を広げてくれる学校だということができそうです。

6 大学付属校は将来の就職や起業にも有利

中学受験の合格やその先の大学への進学は、いずれ社会で活躍するための一つの通過点にすぎません。そういった意味でどの大学へ進めば自分の希望の職業につけたり、行きたい会社に入れたりするのかは、学校を選ぶ際の一つの目安となります。大学付属校の人気がこれだけ上がっているのは、大学への入学の困難さだけではありません。**これらの私立大学が、就職に有利ということがわかっているからです。**

▼ 国公立と比べても遜色ない就職率

一つの目安として、日経平均株価の採用銘柄や学生からの人気企業ランキングなどを参考に選出した「有名企業400社」への就職率（大学通信調べ）を見てみましょう。これらの学校の中で目を引くのが早稲田。37％の学生が主要400社に就職を果たしています。また青山学院も30％と高い数字です。続くのが近年GMARCHの中でも一歩抜きんでた印象のある明治の29％。続く立教は26％です。そして、学習院23％、中央22％、法政22％と並びます（慶應は就職者が3名以上の企業しか公開していないので、除外されています）。関東圏のいくつかの国立大学と数字を比べてみても、横浜国立大学が33％、東大が28％、首都大学東京（現・東京都立大学）が22％、筑波大学が19％、千葉大学が16％であり、GMARCHの数字が遜色ないことがわかります。

関西では、同志社が32％、関西学院が26％、立命館が24％、関西大学が20％。同志社が大きくリードしています。関西学院は在籍人数の少ない学校ですが、OBのネットワークが強いためか、それが就職率にも貢献していると考えられます。立命館は関西出身の学生は半分しかいない、全国区の学校です。数字で見ると学習院、中央、法政を上回ります。就職率では20％の関西大学ですが、志願者数がここ数年伸び続け、1位の立命館に肉薄していることは、覚えておきたいところです。関西圏のいくつかの国立大学の数字を見ると、大阪大学が36％、京都大学と神戸大学が31％、岡山大学が15％となっています。また、こういった名門の私立大学には、慶應の三田会、早稲田の稲門会に代表されるような強力なOB会があり、社会に出てからもネットワーク作りに役立ちます。

有名私立大学での就職率が順調であることや将来のビジネス上のメリットが多いことも、付属校受験を後押しする要因の一つになっているかもしれません。

第2章

大学付属校の出題傾向

1

「偏差値」だけで学校を選ぶと、失敗する

中学受験をさせるなら、なるべくレベルの高い学校に合格してほしい。できれば御三家、無理なら、名が知られた大学付属校。費用が抑えられる公立の中高一貫校も魅力的……。中学受験をこれから始めようとする親御さんのお気持ちは、こんなところでしょうか。

しかし5年生、6年生になってくると、現実を突きつけられ、そうも言っていられなくなります。なんとか偏差値60以上の学校に、付属校なら、なお安心かも……。

このようなお気持ちになるのはとてもよくわかります。しかしこれらの思いの中心にある「考え方の軸」が、お子さんの進路選びに悪影響を及ぼしているかもしれません。それは**「偏差値至上主義」**とでも呼べる考え方です。なるべく偏差値が高いところに、できれば偏差値60以上のところに。現在の親御さんは、いわゆる「受験戦争」をくぐり抜けてきた世代ですから、どうしても考え方の物差しが偏差値になってしまうのです。

しかし中学受験において、偏差値にとらわれすぎると、お子さんの受験を困難なものに

してしまいます。

大手進学塾で女子学院（偏差値76）を狙っていた〝ゆりえさん〟。6年生の夏ごろからずるずると偏差値が下がり、72あった偏差値が65あたりまで低迷してきました。これでは御三家の女子学院は難しいと考え、第一志望を偏差値69の立教女学院、第二志望を偏差値64の明大中野八王子とし、本番に臨みました。しかし、残念ながらこの2校からは合格をもらえず、偏差値60台の中堅進学校に進むことになりました。

これはゆりえさんの学力の問題ではありません。志望校を「偏差値」で選んでしまった結果なのです。

▼「偏差値が高いから問題も難しい」わけではない

この章で詳しく説明しますが、偏差値と入試問題の出題傾向に相関はありません。出題傾向とは、問題の難易度や特徴です。つまり、偏差値が高いから問題が難しいということはないのです。同じような偏差値帯にある学校が、似たような問題を出すわけでもありません。

特に大学付属校と進学校は大きく違います。**付属校の入試問題と進学校の入試問題は、**

スポーツで例えるなら、マラソンと短距離走ぐらい違いがあります。マラソンが得意な子は、必ずしも100メートル走で1位をとれるわけではありません。逆もしかりです。

ゆりえさんは、進学校向けの勉強（短距離走）をしていたために、付属校向けの入試（マラソン）に対応できなかったのです。

▼出題傾向が違うと子どもは対応できない

偏差値だけを見て学校選びをしているご家庭の志望校を見ると、付属校と進学校をごちゃごちゃにしていることがよくあります。しかし、これは賢い選択ではありません。付属校と進学校では、このように出題傾向が全く違うため、子どもはなかなか対応できないからです。

たとえば女子御三家を第一志望にしている生徒で、慶應中等部を併願する子は多いのですが、御三家は合格しても慶應中等部に不合格になるケースがあります。これは慶應中等部の問題が易しいために、あまり対策をしないで臨んでしまうからです。**付属校の入試は、難関進学校からみると易しいのですが、対策がいらないわけでは決してありません。**

偏差値で学校選びをすると、このような罠にはまります。付属校志望の皆さんには、このことをぜひとも知っておいていただきたいと思います。

2 大学付属校と進学校の「出題傾向」は、全く違う

前項でもお伝えしたように、偏差値の高い学校には入りにくく、偏差値が下がるにつれて入りやすくなるというイメージを持っている方がほとんどだと思います。確かに大きな傾向としては間違っていませんが、実際には、**合格の鍵を握るのは「出題傾向」との相性**です。ここでは、合格や勉強の肝となる「出題傾向」についてご説明します。

まず、**出題傾向とは「入学試験で出される問題の特徴のこと」**です。「どんな特徴の問題が出やすいか」ということです。すべての学校でその傾向は違います。たとえば付属校のトップをいく早稲田と慶應でも違いますし、早稲田の各校（早稲田実業、早稲田中学校、早稲田大学院など）でも、慶應の各校（慶應普通部、慶應中等部、ＳＦＣ）でも違っています。

ただお話ししたように、付属校と進学校の間では、出題傾向は特に大きく異なります。誤解を恐れずに言うなら、**「付属校：基本問題の出題。問題は易しめ」「進学校：応用問題の出題。問題は難しめ」**となります。

付属校では、基本問題を重視する傾向があり、広い視野が必要な広範囲にわたった問題の構成となっています。たとえば、**慶應では中学入試のテキストには出てこない、テーブルマナーに関する問題や、お正月の習慣に関する出題などがありました。**他にも、P.46や53で紹介しているような**生活関連の問題は頻出**です。これは進学校では考えられないことです。受験勉強の知識に限らず、幅広い教養や関心を持っている生徒を求めているからこその出題です。「生活の知識」が問われるのです。次のページの法政第二の社会の設問も、付属校でよく見られる生活関連の問題です。

一方、難関進学校では6年後の大学受験に耐えうる学力を受験生が備えているかどうかを見極め、難関大学に合格できる素地のある子を求めています。そのため、「論理的思考力」を試す問題が多いのです。

お話ししてきたように、付属校と進学校の入試問題がこのように大きく違っているのは、求める人材が違うからです。大学卒業まで10年間をかけて育てる人材と、6年後の大学入試に対応できる人材は異なります。長く走ってくれるマラソン型の人材、瞬発力が必要な短距離型の人材というわけです。

ですから、**お子さんが早慶を含めた付属校に入りたいという意思を持っているなら、付属校の問題の練習を重ねる必要がある**のです。

大学付属校

法政第二　社会（2012年）の設問（一部抜粋）

武蔵小杉に住む太郎君は、学校が夏休みになったので、自由研究の宿題に取り組むことにしました。課題は「料理」です。メニューを決め、材料を書き出し、さっそく駅前のスーパーマーケットへ買い物に行きました。お店の入り口には（1）のマークがはってありました。これは、特別に訓練を受けた犬が建物に入ることを積極的に受け入れることを示しています。また、お店の入口に一番近い駐車スペースには、（2）のマークがはってある自動車がとまっていました。これは、しょうがい者のための国際シンボルマークではなく、道路交通法に基づく標識です。（後略）

■問題文の（1）と（2）にあてはまるマークはどれか、あとの（ア）～（カ）から一つ選び記号で答えなさい。ただし、マークには文字や説明が消えているものがあります。

（ア）

（イ）

（ウ）

（エ）

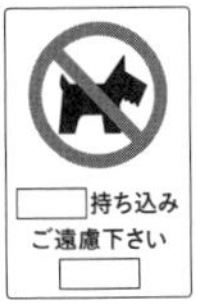

（オ）

（カ）

＊解答は（1）（カ）　（2）（イ）です。

3

早慶は「普通の子」でも合格できる

私は**「普通の子でも、早稲田や慶應などの大学付属校なら合格できる！」**と常々伝えています。それは前項でお伝えした出題傾向のためです。付属校の出題には、超難問や初めて見るようなタイプの問題はあまり出題されません。もちろん難しい問題がないというわけではないのですが、難関進学校とは難しさのレベルと、出題の頻度が違います。

ですから**付属校の合格は、難問に正解するよりも、基本問題をいかに正確に、取りこぼさずにとれるかにかかっている**のです。

早慶は「普通の子」でも合格できると言えるのは、早慶中学を筆頭とする付属校の出題は、普通の子でも十分に解答できるレベルの問題だからです。だからといって、勉強をしなくていいというのではありません。しっかり努力を重ねることで、合格を引き寄せることができるのが付属校なのです。**「努力が実りやすい学校」と言い換えてもいいでしょう。**効果的な努力と学習を積み重ねれば、普通の子が合格できます。

一方、**御三家を中心とする難関進学校は、早熟な子でないと合格できません。**論理的にものを考えることができ、初見の問題にもこれまでに習った知識を複合的に使って解答できる、そんな力が求められているからです。

▼「もやし1袋」の値段を問う慶應

いわゆる「普通の子」が、付属校入試に強いのは、「努力が実りやすい」という出題傾向だけが理由ではありません。**問題そのものが、いわゆる生活の中で得た知識をもとに出題されることがあるから**です。特に社会は顕著です。早慶維新塾の社会担当の望月裕一先生は、「慶應普通部合格には、主婦（主夫）が有利！」などと言っています。たとえば、次ページのような問題が実際に出題されているからです。

P．46の上は、慶應普通部の社会です。もちろん答えは、イのもやし（1袋40円ほど）と、エの牛乳（1パック200円ほど）です。このような問題が出題されるので、生徒に「もやし1袋は、いくらか知っている？」と聞いてみると、大半の生徒が、「知っています!!だいたい100円くらいですよね!!」と答えてしまいます。**ぜひ、お子さんと一緒にスーパーに行ってください。**そして「一番安いもやしを取ってきて」「200円以下の牛乳をとってきて」などと伝えて、お手伝いを頼みましょう。

大学付属校

慶應普通部　社会（2009年）の設問（一部抜粋）

■商品とその値段を示した次のア～カの中で、一般的な小売価格からかけ離れたものを二つ選んで記号で答えなさい。大安売りなど特別な場合は除きます。

ア．米5kg：2,000円
イ．もやし1袋（250g）：300円
ウ．とうふ1丁：150円
エ．牛乳1パック（1リットル）：500円
オ．食塩1kg：150円
カ．たまご1パック（Lサイズ10個）：250円

大学付属校

早稲田実業　社会（2013年）の設問（一部抜粋）

（中略）最も人口が多いのは、広さでは2番目の世田谷区で、最も少ないのは広さでは下から5番目の（　A　）区です。（　A　）区の人口は2番目に少ない中央区の半分以下だということには驚かされます。これほど人口が少ない理由は、国会議事堂や首相官邸などをはじめとする三権の機関や官公庁が多く存在すること、大手銀行の本店、新聞社や総合商社の本社などが集結していること、そして中心部に区の面積の約15％を占める緑地があることで、住宅地域が少なくなっているからだと考えられます。

東京都庁も以前はこの（　A　）区にありましたが、1991年に現在の（　B　）区に移転しています。

■AとBにあてはまる区の名前を答えなさい。

■下線部は何ですか。その名前を答えなさい。

一方、P.46の下は早実の社会です。**このような問題の対策をする上で一番効果的なのは、移動は極力電車ですることです。**その際に「この駅は新宿区だね」といった会話ができたら、ベストです。電車で移動する際には、スマホをお子さんに貸して、ナビをしてもらってもいいかもしれません。このように、**実体験を伴う記憶は、頭に残りやすいからです。**どの駅で降りたらよいのか。目的地の最寄りの駅までの所要時間はどのくらいか。その駅の近くに何があるのか。そこは何区なのか。お子さんと出かける際に、このような会話をすることが、自然と付属校の試験対策になります。

ちなみに解答ですが、Aは千代田（区）、Bは新宿（区）、そして下線部が示しているのは「皇居」です。

▼日常生活に関する出題は、普通の子に有利

このように付属校では、テキストなどに載っていない、日常生活に関する問題が出題されます。これは、塾のテキストだけで勉強している子、身の回りのことを全て親にしてもらっている子には、なかなか正解できない問題です。当たり前にスーパーで買い物のお手伝いをしている、当たり前に電車で移動している。そういった「普通の子」が有利と言えます。

▼実生活の中でニュースも学べる！

もちろん、その過程で親子の何げない会話があることが肝心です。たとえば「お店で食べると10％の消費税がかかるから、8％で済むテイクアウトにしようか」など、実生活の中で「消費税アップ」の知識を得ることができれば、受験間際の年末に各塾から販売される「今年の重大ニュース」をわざわざ暗記する必要もなくなります。

また、いまお子さんに日常生活に関する知識がなくても、問題の対策はできます。このような問題が、目指している付属校で出題されやすいとわかっていれば、その知識を増やしておけばいいからです。

出題傾向を知っていれば、対策を講じることができます。つまり、しっかり得点できる。付属校の入試は、基本問題が多い試験ですから、このような問題が合否を分ける場合があるのです。

4

大学付属校の問題は「対策」すれば攻略できる！

大手進学塾に通っている多くの受験生が、勉強が終わらず深夜0時過ぎまで勉強していると聞きます。難関校を含めたオールラウンドな実力をつけるためにはこのくらいの勉強量が必要だからでしょう。しかし、**私の塾の子たちは、勉強のほとんどを塾の自習室で済ませ、夜10時半には（遅くても11時には必ず）寝ています。**志望校の出題傾向を知っておけば「無駄のない効率的な勉強」をすることができるからです。問われやすい単元を、重点的に攻略しておくことができるのです。これは大きなアドバンテージです。

たとえば単に「図形」といっても、平面図形が出やすいのか、立体図形が出やすいのか。立体図形が出やすいなら、表面積か体積か展開図かなど、学校によって傾向がありますす。たとえ苦手な単元でも、出ると予測がつけば練習を重ねることができます。

また、**「出題傾向が変わらない」というのも、付属校の大きな特徴です。**つまり、例年似たような問題が出やすいということです。これは進学校との大きな違いです。

進学校、特に**難関進学校になると、毎年「初見の問題」に遭遇したり、出題傾向が大きく変わったりします。**このような「いままでに解いたことのない問題に対処できるか」も、難関進学校が生徒に求める能力の一つだからです。付属校入試には、このような対応は求められていませんから、「様々な問題形式に対応する訓練」は、する必要がありません。第6章で1章分を割いて過去問の使い方をご説明するのは、そのためです。**付属校は繰り返し過去問を解いて、その出題傾向を体で覚えることが、合格への近道なのです。**

▼入試問題は、その学校の先生が作成している

当たり前のことですが、入試問題はその学校に勤める先生が作成しています。私立は公立と違い、決まった期間での異動がありません。そのため、その学校で何年、何十年と教鞭をとる先生がいます。3～5年で、担当の作問者は変更となりますが、「出題傾向を変える」という方針がない限り、まったく違った問題にはなりにくいのです。

私が本書で述べている付属校は、長い歴史の荒波をくぐり抜けてきた名門校です。このような名門校は、学校が求める確たる生徒像があります。求める生徒像が変わらないから、入試問題にも大きな変更はないと考えることもできるのです。問題の予測ができない進学校より、予測がしやすい付属校のほうが対策が容易なのは、このような背景もあるのです。

5

過去問との相性次第で、偏差値が10足りなくても受かる

付属校の入試は、「対策すれば、得点できる」。これに尽きると思います。

私は各学校の入試説明会に参加しますが、付属校では、「まずは過去問をきちんとやってください」という話をよく聞きます。傾向や難易度を大きく変えるという話も、めったにありません。前項でも説明した通り、付属校の場合は基本的に出題傾向に大きな変更がないのです。

模試で偏差値が届いていなくても、反復練習によって合格が可能なのはそのためです。さらに、**過去問との相性がよければ、偏差値が10ぐらい足りなくても受かります。**

有名なクラブチームに所属し、本格的にサッカーをしている生徒がいました。高校、大学受験でサッカーを中断したくないということで付属校狙い。とにかく毎日練習があるので、なかなか勉強の時間がとれませんでした。なんとか多くの学校に合格させてあげたいと思ったものの、時間がないので、問題の対策が十分にできたのは1校だけでした。同じ

ような偏差値帯の学校もいくつか受けたのですが、合格したのは過去問対策ができた立教新座のみ。それでも、「これで思い切りサッカーができる！」と、生徒は笑顔を見せてくれました。お母さんも「模試の偏差値よりずいぶん上の学校に決まってよかったです」と言ってくださいました。付属校はその学校に向けての対策ができれば、このように勉強時間が十分にとれなくても逆転合格ができるのです。

▼残念ながら御三家の逆転合格はほぼ無理！

御三家は特に、完成された子を求めていますから、ちょっと対策をしたからといって受かるものではありません。たとえば麻布の社会（2020年）の問題。「1．世界各国の衣服」「2．日本における衣服の歴史」「3．衣服と産業」「4．衣服と『らしさ』」という一連の長文を読み、左のような設問に答えます。ちなみに大問はこの1問だけでした。

この問題は、持っている知識に加えて、物事を多面的に捉え、それを論理的に説明しなければなりません。まずは、さっと入試問題に目を通してみてください。同じ年度の慶應普通部の問題も並べておきます。「普通の子」が解答できるのは、慶應の問題のはずです。（ちなみに慶應の答えはそれぞれ「アとエ」「エ」です）。

進学校

麻布　社会（2020年）の設問（一部抜粋）

■戦後の復興期から高度経済成長期にかけて、都市部を中心に洋服が広まりました。なぜ洋服が人々に支持されたのでしょうか。時代の様子を考えて二つ答えなさい。

■衣服を自分たちで作るか仕立ててもらう時代から、既製服を買う時代に変化したことで、衣服に対する考え方も変化しました。どのように変化したでしょうか。答えなさい。

■ファスト・ファッションの世界的な広がりは社会にさまざまな問題を生みだしています。どのような問題を生みだしているでしょうか。二つ答えなさい。

■本文では衣服はその社会を映し出す鏡といえるとありますが、衣服によって日本の社会のどのような特徴が分かりますか。具体例をあげて答えなさい。

大学付属校

慶應普通部　社会（2020年）の設問（一部抜粋）

1970年代に誕生したコンビニエンスストアは、スーパーマーケットなどに比べて、狭い面積であるにもかかわらず、大きな売り上げを得るために、①さまざまな工夫をしています。店員が②客の性別や年齢などの情報を判断・推測し、その場でレジに入力することで、客が求めている商品を仕入れるようにしている店もあります。（後略）

■下線部①の例として、正しいものを次のア〜オから二つ選んで記号で答えなさい。

ア．客の目の高さに合わせて、よく売れている商品を配置する。
イ．落ち着いて商品を選ぶことができるように、特別な照明を使う。
ウ．売れている商品を入り口近くに集めて、店内が賑わっているように見せる。
エ．客が店内を1周するように、弁当・飲料・雑誌の置き場所を分ける。
オ．客の安心感を高めるために、見えるところにカメラを多く設置する。

■最近、コンビニエンスストアでは、下線部②をレジで入力することが少なくなってきています。その理由として正しいものを、次のア〜オから一つ選んで記号で答えなさい。

ア．これらの情報を集めることが、法律で制限されるようになったから。
イ．客の情報から売れやすい商品を推測することが困難になってきたから。
ウ．レジのカメラが自動的にこれらの情報を認識するようになったから。
エ．あらかじめ客の情報が入ってくるカードなどによる支払いが増えてきたから。
オ．外国人観光客が増え、1回限りの利用客が多くなったから。

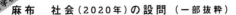

一方、麻布の問題はいかがでしたか？　これ、大学入試の問題ではありません（笑）。中学入試の問題です。

このような問題は、対策が困難であるばかりでなく、対策したからといってだれもが解ける問題ではありません。基本的な歴史や地理、公民の知識をベースとして、世の中の動向に目を向け、問題点や解決策を見つけ出すことができなければなりません。さらに、限られた時間の中で自分の意見をまとめ、文字数の制限に沿って相手に伝わるように解答しなければなりません。

このような問題を中学入試で解答できる子、つまり難関大学の入試に対応できる素地を持っている子をふるいにかけているのです。誤解を恐れずに言えば、こんな問題は「普通の子」ではなかなか解けません。

もしあなたのお子さんが、**早熟な子ではなくて、入試まで残り丸2年もない状態であれば、難関進学校への逆転合格は難しいと考えたほうが妥当です。**しかし、付属校であれば、対策さえすれば、10以上偏差値の高い学校への逆転合格も可能なのです。

第 3 章

大学付属校受験のための塾の選び方・使い方

1 塾を選ぶ唯一の基準は、「志望校対策」を確実にしてくれるか

中学受験をすると決めたとき、最初に頭を悩ませるのが塾選びです。塾を選ぶ理由は様々ですが、多いのが「近所だから」というもの。たとえば3年生くらいで塾通いをスタートさせるとなると、その子が1人で通える範囲にある塾に限られてきます。「送り迎えができないから」という理由で、通学可能圏内で選ぶ方が多いのは仕方のないことではあります。

また、そういった塾には、同じクラスのお友達が通っていたりするので、「○○ちゃんと同じ塾に行きたい！」というお子さんの希望から、ということもあります。私の塾に転塾されたお子さんの中にも、最初の塾選びは「同じクラスの子と一緒がよかったから！」という子どもらしい理由の子が何人もいます。親御さんも、「お友達と一緒に通えれば、行き帰りも安心だし」という気持ちもあり、**詳しく塾のことを調べないまま通い続けていた……という方も多い**のです。

一方で、「絶対に御三家！」といった親御さんの強い希望がある場合は、**各塾が発表する「合格実績」が決め手**になります。「○○塾の本部校に入るには、低学年からじゃないと」と、早々に中学受験の準備に入るご家庭もあります。こういった大手塾には「入塾試験」があり、テストを受けて「晴れて合格」となると、その子の御三家合格まで見えてきたように錯覚してしまうようです。

しかし、**このような大手塾で実際に御三家合格を手にするのは、10〜15%程度**です。

▼「志望校対策」が万全かチェックする

中学受験が、高校受験や大学受験と大きく違うのは、塾の役割が非常に大きいところです。小学生はなかなか1人では勉強できませんし、志望校対策が必須の受験だからです。

その子の偏差値よりも、「希望する学校の問題を解けるかどうか」が、合格に直結するのが中学受験。ある意味、一般的な偏差値では、合格を見通すことができないのです。ですから、**塾を選ぶ基準はただ一つ、「志望校の対策をしてくれるかどうか」**です。

志望校の出題傾向に合った対策を塾ができるかどうか。真剣にしてくれるかどうか。してくれる余地があるかどうか。

塾を選ぶ際は、そこに照準を絞って選ぶと大きな失敗はなくなります。

2

「進学実績」のからくりにだまされない

春になると、新聞の広告に大手塾の「合格者数」を書いたチラシが入ってきます。「開成238人！　麻布174人！　武蔵52人！　桜蔭166人！　女子学院146人！　雙葉59人！」などという数字を目にすると、「この大手進学塾に入れば、我が子もきっと……」と思ってしまうお気持ちはとてもよくわかります。

ただ、いったん立ち止まって、この数字についてよく考えてみましょう。これは「合格者数」であって、「合格率」ではありません。たとえば次のような二つの塾があります。お子さんをどちらの塾に入れたいですか？

塾A　生徒数100人　第一志望合格者　30人
塾B　生徒数10人　　第一志望合格者　7人

塾の合格実績のからくり①

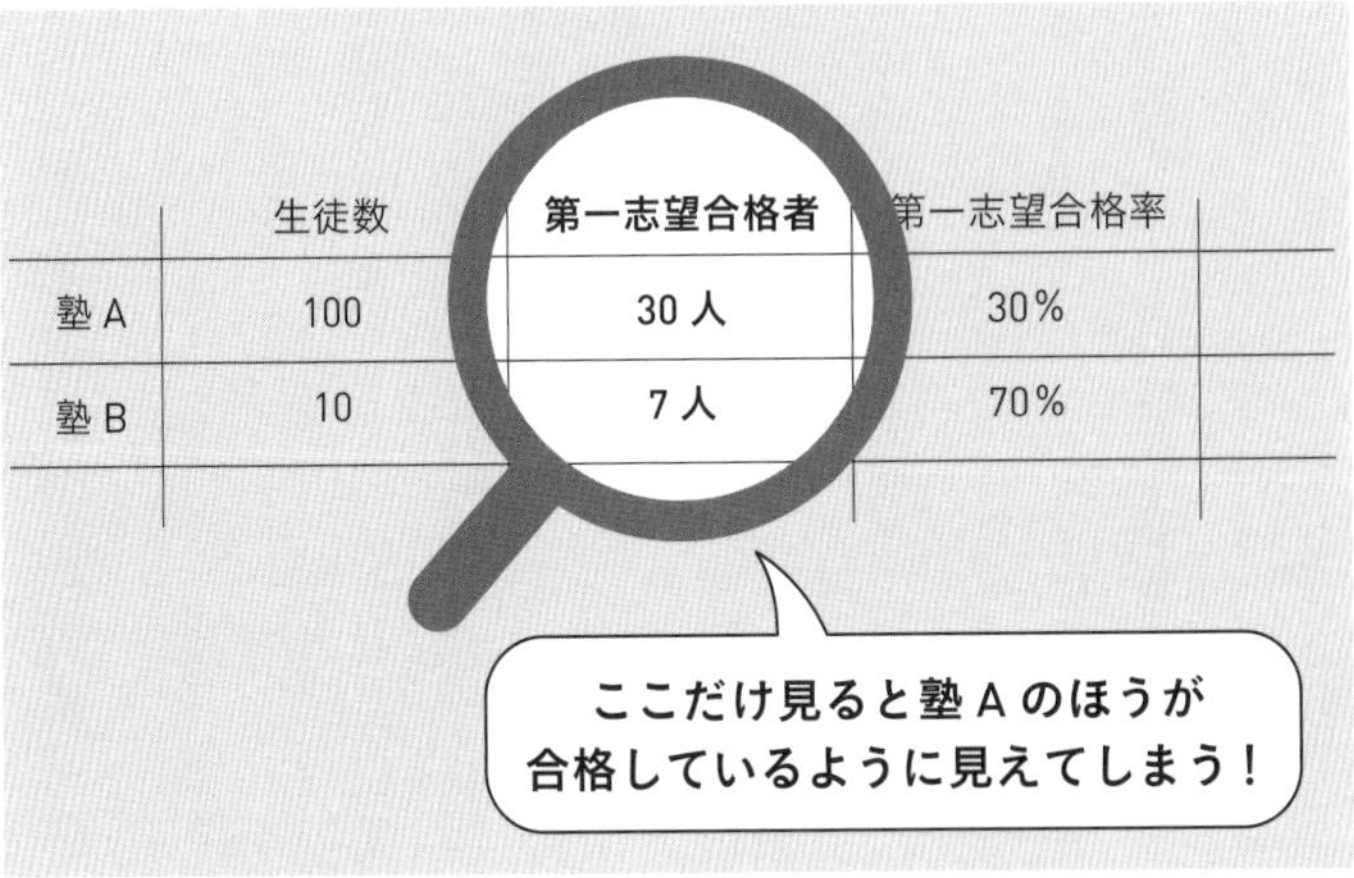

第一志望合格者の数だけを見ると、塾Aのほうが圧倒的です。30人も第一志望に合格しています。かたや塾Bは7人。しかし、これを「率」に直すとどうでしょう。もう皆さんおわかりですね。

塾A　第一志望合格率　30％
塾B　第一志望合格率　70％

塾Bのほうは、7割の子が第一志望合格を手にしているのです。これが「合格数」と「合格率」との違いです。**大手進学塾は、「大手」というだけあって、生徒数、つまり確率でいう「母集団」が大きい**のです。それに伴い、合格者数も多くなるのです。

▼大手進学塾の第一志望合格率は4分の1！

「じゃあ、大手進学塾の第一志望合格率ってどれくらいなの？」と思われる方もいらっしゃると思います。ここである大手進学塾を例に「同塾の偏差値60以上の第一志望への合格率」を計算してみましょう。「偏差値60以上」としたのは、中学受験をさせる多くの親御さんが、この偏差値より上の学校への合格を希望しているだけでなく、塾の合格実績として表される学校も、このレベルより上の学校だからです。数字は2020年のものを使用しています。

まず2月1日を試験日に設定している偏差値60以上の中学校をピックアップします（①）。2月1日に限定するのは、同じ子が別の日の受験で受かることによるダブルカウントを、統計の数字上防ぐためです。次に小学校6年生の在籍者数を調べます（②）。その塾の①の中学校の合格者数をすべて足します（③）。

そして、③÷②×100をすると、だいたいの第一志望校への合格率が出ます。**この大手進学塾の第一志望校の合格率は、23・6％でした。**「第一志望合格率23・6％！」では、広告効果はあまりなさそうです。

また、日曜日に人気の志望校別クラスを実施している大手進学塾もあります。成績順に、全部で10クラス、志望校別の生徒を集めるのですが、その中で合格するのも、やはり3割以下です。合格者のほとんどが、上位2クラスまでの生徒。それ以下のクラスからはパラパラと合格者が出るくらいで、6クラス目以下から合格者が出ることはほとんどありません。その子たちの名誉のために付け加えれば、その志望校別クラスに入るためにも、もちろん選抜試験があります。つまり、**生徒数が多い大手塾の「合格者数」は、率に落とし込めば大した数字にはならない**ということです。

▼「合格者数」は、実は同じ子が稼いでいる

「合格者インタビュー」などを読むと、「全勝」で中学受験を終えたお子さんのコメントが載っています。

私が大手進学塾に勤務していた時代に指導した〝えりなさん〟も、そんな「全勝組」の1人。1月に埼玉の名門浦和明の星に合格。そして1日の本命桜蔭に合格。2日には新御三家の豊島岡にも合格し、全勝で受験を終えました。そしてえりなさんのこの合格は、大手進学塾の広告のそれぞれの学校の合格実績に「プラス1」されることになりました。先ほど「ダブルカウントを防ぐため」とお話ししたのは、このことです。**優秀な一部の子の合格が、それぞれの学校への合格実績としてカウントされる**のです。そして話はこれだけ

塾の合格実績のからくり②

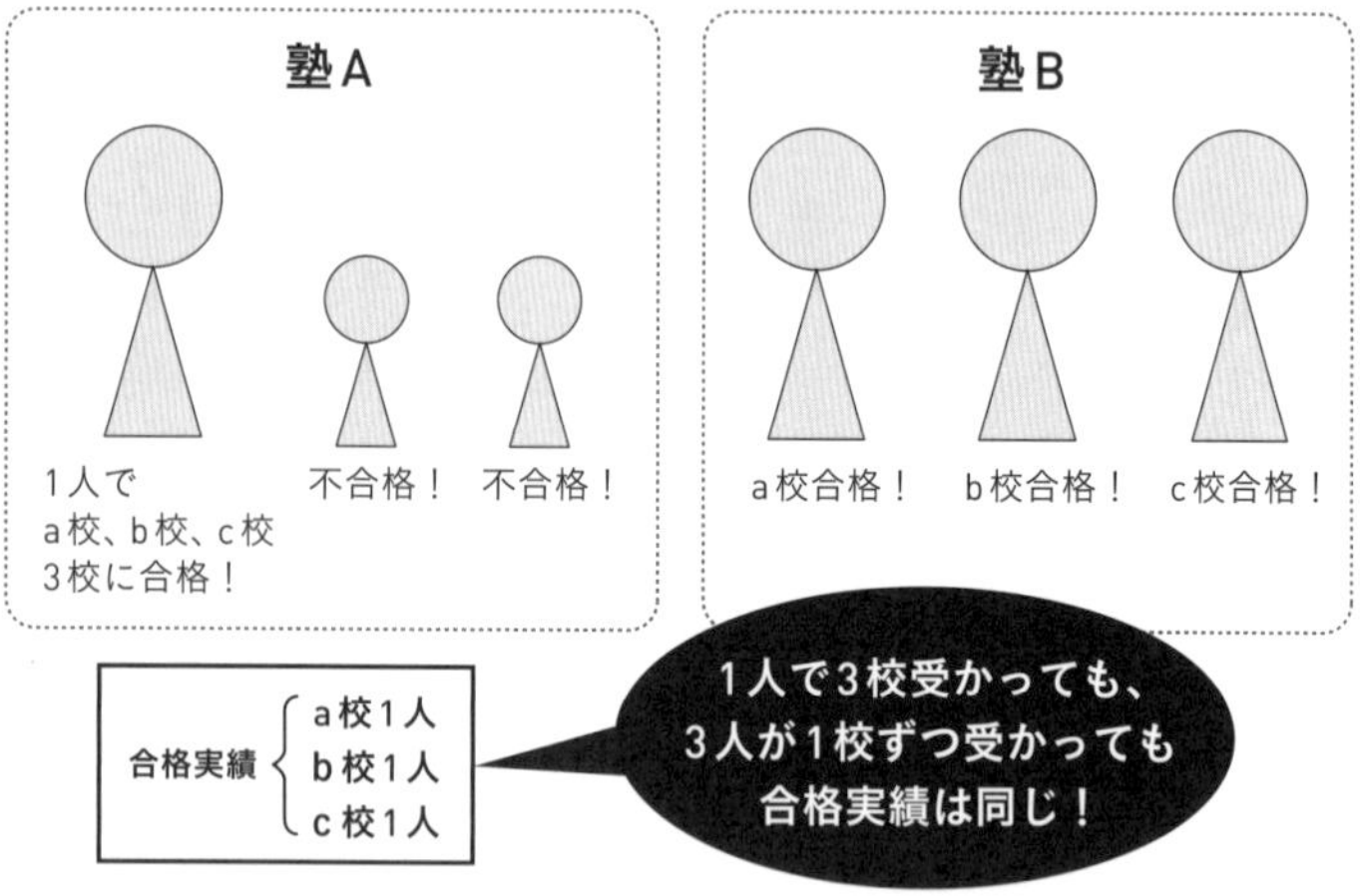

にとどまりません。

えりなさんは国語に苦手意識を持っており、6年生の夏から個別指導の塾にも通い、国語力のアップに努めていました。そのためえりなさんの3校の合格実績は、この個別塾の合格実績にもカウントされて、チラシに掲載されることになりました。

つまり**えりなさん1人の合格は、「二つの塾で3校分」の実績として使われる**ことになったのです。〝えりなさまさま〟、ですね。

合格実績にはこのようなカラクリがあります。**合格実績を塾選びの基準にする際には、この仕組みを頭に入れておいてください。**特に中学受験の個別指導塾は、大手塾の「補習」として使われることがあるので、このような「実績の数字」には注意が必要です。

3

「上位2割」に入らなければ大手進学塾にいる意味はない

このように大手進学塾の実績のからくりなどについてお話ししても、「そうはいってもプロ講師が大勢いる大手進学塾が、やはり安心なのでは？」という反応があります。もしかすると、今この本を読んでいる皆さんも、すでにそういった大手塾に通わせている方がほとんどかもしれません。

結論から申し上げれば、お子さんが次の条件を満たしているのであれば、大手進学塾で全く問題ありません。

・御三家レベルの難関進学校を目指している
・大手進学塾の上位2割に入っている
・自立していて勉強がひとりでも進められる

▼難関進学校向けの指導は、8割の子がついていけない

大手進学塾のシステムについてご説明していきましょう。大手進学塾の授業は、開成、麻布、桜蔭などの御三家合格のための指導をしています。テキストも御三家向けにつくられています。なぜなら**多くの親がこのような「御三家合格の実績」をもとに塾を選ぶから**です。

このような塾で、御三家向けのテキストで御三家向けの勉強をしても、**オールラウンドOKの超トップ層以外は、望むような付属校には合格できません。**付属校には付属校向けの勉強が必要だということは、これまで書いてきた通りです。

実際、御三家に受かるような子が、その下の偏差値の付属校に合格できないことはよくあります。偏差値でいえば下位の学校なのですが、問題傾向が違うので対応できないのです。

それだけではありません。このような**塾の指導は、「上位2割」をターゲットに行われています。**塾にとっては、先ほどのえりなさんのように、この2割の子がより多くの合格実績を出してくれるのですから、この層に力を入れるのは当然です。そうなると、御三家以外が志望校の子にとっては、**授業がほとんど意味のないものになってしまう**のです。

集団を語るときに、**「２：６：２の法則」**というものがあります。集団が存在すると「2：6：2」のグループに分類されるというものです。これは大手進学塾も同じです。

・上位2割の生徒：優秀で授業についていける
・真ん中の6割の生徒：「普通」の生徒。授業はわかったり、わからなかったり
・下位2割の生徒：授業が理解できず、ただ授業に参加しているという状態

集団指導の場合、このように必ず一定数の「落ちこぼれ」が出てしまいます。しかし大手進学塾で、わからない生徒のために「ゆっくり解説する」ということはありません。なぜなら、週末にあるカリキュラムテストのために、その週のカリキュラムは絶対に終えなければならないからです。

さらに、易しい授業をしたり、宿題を減らしたりしたら、親からクレームが入るからです。「こんなに易しい内容では、合格できない！」と。このような理由から、相変わらず集団塾ではトップ2割に合わせた授業が行われているわけです。

大手進学塾の中でもレベルが高いとされる塾は特にこの傾向が強いので、ついていけない子は多くなります。しかし、親御さんも子どもも本人も、その塾に通ってさえいればなん

とかなると信じて、**必死でしがみついているご家庭も多い**のです。つまり、こういった塾は塾全体のレベルを一部の成績上位の子が上げており、**上位者と下位者が二極化しているのが現実**です。

▼下位２割でも決して「落ちこぼれ」ではない

しかし、大手進学塾で下位にいることが、本当に「落ちこぼれ」かというと、そんなことはありません。

数年前、私のところに5年生の夏に転塾してきた〝ひろとくん〟。大手進学塾では下から2番目のクラスでした。ノートを見せてもらったところ、ホワイトボードを見ながら、手元を見ずに急いで写しているのか、文字が曲がっていたり行がゆがんでいたりします。これは必死で授業についていこうとしている子に多いのです。

私がひろとくんに、**「これまですごくがんばってきたんだね」**と声をかけると、ひろとくんはその場で泣き出してしまいました。努力しているのに結果が出ないことがつらかったのだと思います。そして、はじめて努力していることを認めてもらった、そんな涙だったのです。

その後、ひろとくんは自分に合った勉強法で早稲田の付属校に合格。今はのびのびと学校生活を謳歌しています。

▼宿題が終わらないのは〝ついていけてない〟可能性

お子さんが授業についていけているかどうかの一つの目安は、宿題です。塾の宿題はその日の授業の復習の意図で出されています。しかし、たいていの場合、量が多すぎます。そして学年が上がるにつれて、問題が難しくなるため、よけいに時間がかかります。

お子さんがもし、塾の宿題に苦労しているようなら、もしかすると授業自体もわからなくなっているかもしれません。宿題への取り組み方にはぜひ注意をはらってください（宿題の量を客観的に知るにはP.108で紹介している「宿題管理表」に記入してみるとわかりやすいでしょう）。

ちなみに、塾の宿題が多い理由の一つは保護者にもあるのです。宿題が少ないと「もっと宿題を出してください」というクレームを出す親がいるのです。

あまりに宿題が多すぎると感じたときには、塾の先生に相談して量を減らしてもらうのも一案です。お子さんにとって、必要以上の宿題が出ている可能性があるからです。

4

大手進学塾では大学付属校対策ができない理由

塾の同じクラスには、さまざまな志望校の生徒が在籍しています。大学付属校、難関進学校、男子校、女子校、共学校、理系重視、英語重視の学校。慶應普通部志望の男子もいれば、女子学院志望の女子もいます。

このようなクラスにおいて、「今日は、慶應普通部の入試演習をやるぞ！」ということにはなりません。不公平になってしまうからです。ですからどうしても、特定の志望校対策はできません。

「でも日曜日の志望校特訓がありますよね？」という声が聞こえてきそうです。しかしこのようなコースでも「志望校対策というレベル」には達していません。使われているテキストは、志望校入試問題よりずっと難しく、傾向を度外視したテキストになっています。

先ほど申し上げた3割未満の合格率は、このような対策の結果ともいえます。

さらに言えば、**各塾の日曜日に実施される志望校対策特訓は、おもに他塾に通う優秀生**

を獲得する目的で実施されています。ですから、難しい選抜試験を実施し、難しい問題ばかりを授業で扱うことになります。全ては優秀生を獲得し、難しい問題を扱うことで、優秀生の知的好奇心を満たすことにあります。

以前「大手塾の志望校別コースに通うので、日曜日は授業に参加できない」というご家庭がありました。理由は、そのコースのほうが難しい問題を扱っているから、ということでした。ここにも、**「偏差値の高い学校の問題は難しい」「難しい問題をやっていればそれよりも簡単な問題は解けるようになる」という誤解**があります。この考え方は「難関進学校」なら該当するのですが、「付属校」においては当てはまりません。

これから入塾を検討されている皆さんは、ぜひこのことを頭に入れた上で塾選びをしてください。目指しているのは難関進学校ですか？　上位2割には入れそうですか？　たとえ上位2割にいたとしても、付属校が第一志望であれば、そこは志望校にぴったりの塾ではありません。

転塾を検討している皆さんは、特に心が揺らぐと思います。これまで支払った授業料が頭をよぎれば、なおさらです。しかし、もしお子さんが「大手進学塾の授業についていけていない」と感じたら、冷静な判断をしないといけません。**その塾にしがみついてさえいればいいという考えは賢明でない、と断言します。**

5 個別指導塾は集団塾よりも本当に授業料が高いのか

塾を決める際に、大きな決め手になるのが費用です。生々しい話ですが、塾選びの際に避けては通れませんので、ざっくばらんにお話ししていきましょう。実際、塾選びの際に、「個別は高いから、集団に」というご家庭が多いのですが、なかなかそううまくはいかない実情があるからです。

まず、個別は高いのか。それは否定できません。塾により差はありますが、**1コマ（80～90分）の相場は、4000円～1万円ほど**になります。たとえば1コマ5000円の個別で、4教科を週に1コマずつ受講すれば、1カ月の授業料は8万円、年間にすると96万円になります。1万円なら単純にこの倍です。これに夏期講習、冬期講習などが加算されれば、100万～200万円超になっていきます。決して安い金額ではありません。もちろん個別なので、「算数だけ」「2科目だけ」といったように選び、費用を抑えることもできます。

一方、**大手進学塾の月謝は「4万円ちょっと」**となっています。**そのため、「1年間で50万円くらい」と思ってスタートする方が多いのですが、そうではありません。**模擬試験、週例テスト、月例テスト、春期講習、ゴールデンウィーク特訓、夏期講習、夏期合宿、日曜特訓、冬期講習、志望校対策、正月特訓……などがプラスされるため、最終的な費用は倍以上になります。ある塾の内訳は、左記のようになっていました（端数切り捨て）。

月謝　5万円／月	60万円／年
春期講習会	5万5000円
夏期講習会	16万3000円
冬期講習会	7万円
正月特訓	6万円
その他特別講座	40万5000円
年間費用合計	136万3000円

また、4大塾の6年生のおおよその費用は次の通りです。

【小6　年間費用】※教材費は除く
早稲田アカデミー　約135万円
四谷大塚　約130万円
SAPIX　約130万円
日能研　約120万円

これに夏合宿などが加算されれば、さらに10万円近くプラスになる塾もあります。また、教材費が前期、後期にそれぞれ数万円かかるなど、こちらの出費も見逃せません。

▼ダブルスクールで、費用も2倍以上

そしてお伝えしておかなければならないのは、**多くの子どもたちが、ダブルスクール、つまり個別指導や家庭教師との併用をしている**という現実です。

〝たかしくん〟は、大手進学塾に小学2年生から通っていました。低学年のころは上位クラスに在籍していたものの、小4後半あたりからどんどんクラスが下がり、小6になってからは、下から2番目のクラスから動けなくなってしまいました。そこで、塾の先生に勧められ、算数の個別指導を利用することになりました。もちろん、個別指導にしても家庭

教師にしても、別に費用がかかります。たかしくんは幸い第三志望の中堅進学校に合格しました。しかしお母さんは「費用を考えて集団塾にしたのですが、もしかすると個別塾以上にかかってしまったかも……」とおっしゃっていました。

私の体感としては、**大手進学塾に通う子どもの6割以上が、こういった個別指導や家庭教師を利用しています。**6割というのは、かなりの数字です。こういった現実があるということは、理解しておいて損はありません。

▼大手塾の8割の生徒は「お客様」になっている

実際に大手進学塾に通う「8割」の生徒が、いわゆる塾の「お客様」になっています。**お客様とは、「授業料だけ納めてくれればいい」と考えられている家庭のことです。**先ほどお話ししたように、塾の広告になる実績は、上位2割の生徒がもたらしてくれます。であれば、その他の生徒に塾側が期待するのは、授業料そのものということになります。そして、**成績が振るわない子は、系列の個別指導塾を勧められます。**そうなると支払う金額は予想していた金額の倍以上になります。

大変失礼な話だと知りつつ、このような内実をお伝えしているのは、**「皆さんはもっと怒ったほうがいい」**と、私が思っているからです。費用をかけた上に合格できないのでは、親子ともに大きな後悔が残るはずです。お子さんがどのような状況にあるか、一度冷静に判断してみましょう。もし、次のような状況に陥っているとしたら目を背けずに、今後の対策を練るほうがよい結果につながるはずです。

・在籍しているクラスの順位は、下から数えたほうが早い
・1年以上通っていて成績が上がっていない
・授業を理解して帰ってこない
・宿題が終わらない
・偏差値が50以下である

ただし、このような状態にあてはまっても、**大手進学塾の成績やクラスを上げるために、個別指導塾や家庭教師を併用するのは無意味**なので、おすすめしません。塾の成績を上げたところで、志望校（特に大学付属校）の合格には全く近づかないからです。系列の個別指導塾をすすめられたら、「お客様」だと思われている可能性があると思ったほうがいいでしょう。お子さんの現状、お子さんの志望校を考えて、転塾を含め検討することをおすすめします。

6 わが子に合う個別指導塾を見極める方法

このように考えると、付属校への進学を目指す皆さんが、これから入塾、転塾を考える際には、大手進学塾ではなく、**受験校に合ったカスタマイズができる個別指導塾がおすすめ**です。実際私のところに転塾してくる8割の生徒が、大手進学塾からの転塾組です。

しかし、個別指導といっても最近は様々な種類があります。「近所に五つもあり、どこにしたらいいか迷ってしまう」などという声も聞こえてきます。ここでは個別指導塾にはどのような種類のものがあるのか、付属校受験にはどのような塾を選べばいいのかを詳しくご説明します。

▼個別指導塾は大きく三つに分かれる

まず最初に個別指導といっても、1（先生）対1（生徒）から1対2〜1対6などと、1人の先生に対する生徒の数に違いがあります。1対6などというと、もはや個別と呼んでいいのかも悩みますが……。このように生徒の数が増えれば、そのぶん授業料は安くなるのですが、生徒1人に対応してくれる時間も注意も減ることになります。つまり効果は限定的になります。

中学受験においては、本音を言えば1対1の個別指導がベストです。これだけで、かなり選択肢は絞られるはずです。そして、指導内容は大きく次の三つに分類されます。

①学校の補習個別指導
②集団塾の補習個別指導
③進学個別指導

①学校の補習個別指導

まず①の学校の補習個別指導塾は、学校の補習が中心となります。1対1ではなく1対2～1対6の指導となっており、授業というより、自習している生徒に先生がときどき対応するという仕組みです。学校の補習が中心ですから、中学受験には向いていません。小学生より中学生が多いのも特徴です。「中学受験（小学生）1：高校受験（中学生）8：大学受験（高校生）1」という割合の塾が多く、メインは中学校の補習（内申対策）で高校受験用となっています。個別指導塾全体で考えると、この①の学校の補習個別指導が一番多く存在します。フランチャイズ加盟店の教室がほとんどです。

②集団塾の補習個別指導

次に、②の集団塾の補習個別指導です。先ほどお話しした、大手進学塾での授業を補完することを目的とする塾です。1対1もありますが、1対2の指導がメインです。指導する講師が大学生の場合は、その塾の卒業生であることが多いようです。プロ講師を選べる塾もあり、その場合は大学生講師より高額になります。「夏期講習で車が買える請求がきた」などという話も……。1コマあたりの金額が高ければ、夏休み、冬休みの金額は大きく跳ね上がりますから注意が必要です。

③進学個別指導

大手進学塾のフォローはせず、中学受験の志望校の受験対策をする塾です。合格実績はその塾での単独の実績となります。専任講師の場合も多く、1対1形式となるため、授業料は他の個別指導と比べると高めになっています。

中学受験に向いているのは、③の進学個別指導塾です。

しかし、③のような塾は実際にはそれほど多くはありません。特に限られた予算の中で探すためには、いくつかコツがあります。1対2や1対3であっても、次でお話しするように**しっかりと要望を出せば、入試分析をして、入試対策を行ってくれる塾は見つかります。**

塾選びは受験の鍵です。なんとなく決めるのではなく、たくさん質問を投げて、いくつかの塾を比較検討してから決定してください。

▼塾選びの際に使える18の質問

塾選びの際には、その塾が、補習がメインか、進学がメインか、を必ず確認しましょう。希望している学校名を伝え、**その学校へ向けた対策ができるか、6年生であれば十分な過去問対策ができるか**を質問してください。

個別指導塾の先生には、アルバイトの先生も多くいますが、だからといって集団塾のプロ講師より劣っている、ということはありません。その子のペースで、その子の受験校に合った指導ができるかどうかが大切だからです。

P.80に、塾を選ぶ際に効果的な質問事項をまとめておきます。

最初はYes、Noで答えられる簡単な質問（クローズド・クエスチョン）をし、その後、「どのようにして」「どんなふうに」などYes、Noでは答えられない質問（オープン・クエスチョン）をして、ちゃんと対応できる塾かどうか、確かめるのがいいでしょう。

▼何校か見学して比較する

塾は何校か見学し、同じ質問をしましょう。するとだんだん、塾の実力が見極められるようになってくると思います。

そして最も大切なのは、その塾がお子さんの「志望校の対策を適切にしてくれるかどうか」です。これを見極めることが何より大切です。そのことを忘れないように、質問を選び、組み立てていってください。

受験において親ができることには限りがあります。しかし塾選びは親がお子さんの力になれることの一つです。そして、どの塾に通うかによってお子さんの受験の合否が決まるばかりでなく、その先の勉強への姿勢も変わってきます。

妥協せず、お子さんの受験にぴったりの塾を見つけてください。

塾を見極める18の質問

「こちらの塾では中学受験の対応はしていますか？」
「昨年、中学受験された生徒は何人いましたか？」
「こちらの塾は、大手塾の補習の生徒と、この塾だけで勉強している生徒のどちらの生徒が多いですか？」
「生徒は小学生と中学生、どちらが多いですか？」
「中学受験用に、テキストは何を使用しますか？」
「宿題はどの程度出ますか？　量の調整は可能ですか？」
「親のほうで、勉強のフォローをする必要がありますか？」
「授業がない日でも、自習室を利用することはできますか？」
「なるべく早く過去問に取り組みたいのですが、いつから実施できますか？」
「昨年、付属中（◯◯中など）に受かった子は何人いますか？」
「中学受験指導の経験のある先生はいらっしゃいますか？」
「中学受験指導の経験のある先生に担当してもらえますか？」
「付属校に合格を出した先生に、担当してもらうことはできますか？」
「進学校と付属校の受験対策は違うと聞いたのですが、どのように対策していただけますか？」
「〇〇中が第一志望なのですが、どのような対策が必要だと思われますか？」
「◯◯中が第一志望なのですが、おすすめの併願校はどこだと思われますか？」
「大手塾でついていけなかったのですが、ここではどのようにご指導いただけますか？」
「子どもが家でも勉強するようになる、こちらの塾ならではの工夫はありますか？」

7 いつから？　今すぐ？　個別指導へ通わせるベストタイミング

付属校合格のための塾選びには、進学個別指導塾がいいとお伝えしてきましたが、何も低学年のうちから個別指導塾に通う必要はありません。個別指導塾は費用もかかりますし、進学系となると塾の数そのものが少ないため自宅から遠いことも多く、5、6年生にならないと1人で通えないといった現実的な問題もあるからです。

ではどのようなプランを組んだらよいのでしょうか。結論を言えば、**「4年生終了までは集団指導塾、5年生から個別指導塾」**が**ベスト**だと考えます。

まずは集団指導塾で勉強を開始します。**集団で勉強を始めると、その中での自分の位置がわかりますから、競争する気持ちも生まれます。**「学校ではできるほうだったのに、自分よりデキる子がこんなにいる！」ということを実感することで、自ら勉強に取り組むようになる子もいます。4年生までの学習であれば、たいていの子がなんとかついていけますので、集団でもそれほど問題ないはずです。

しかし、5年生になると、勉強する内容は高度なものになっていきます。「算数が苦手」「社会が嫌い」などと言い出すのはこのころから。これらの苦手科目のせいで、塾の授業についていけなくなったり、クラスが下がったりします。ちなみに、**苦手科目がなく、クラスも上位をキープしていて、第一志望が進学校であるなら、そのまま集団指導塾でもかまいません。**しかし、第一志望が付属校なら、やはり個別指導塾への転塾を考えたほうがいいでしょう。なぜなら残りの時間は、付属校の志望校対策に費やすべきだからです。

実はこのことは、何も付属校だけの話ではありません。出題傾向は全ての学校で異なります。大雑把に言えば「出る単元と出ない単元」があります。中堅校では出ない難解な問題を、御三家に沿ったテキストでがんばって解いても、合格には結びつかないのです。**出題されない単元に重点を置く勉強は、子どもに負荷をかけるだけ**で、何もいいことはありません。

親御さんの心配事に、「個別指導では範囲が終わらないのではないか？」というものがありますが、そんなことはありません。むしろ、お子さんの志望校によっては力を入れなくていい単元もあります。志望校に合わせて、範囲における勉強の緩急をつけることができるため、むしろ無駄なく早く範囲を終えることができるのです。塾ではお子さんの併願校も含めた志望校向けカリキュラムを必ずつくってもらうようにしてください。

8 家庭教師に「塾のフォロー」を頼んではいけない

個別指導塾の代わりに、家庭教師をつけるご家庭もあります。家庭教師は、「中学受験専門」をうたうプロとアルバイトでは、値段に大きな差があります。**1時間2万円が相場のプロ家庭教師もいます。**いずれにせよ費用がかかることを考えると、その家庭教師が「子どもの合格のために何をしてくれるか」をしっかりと見極めなければなりません。高い金額を払って、塾のフォローをしてもらっているご家庭も多いのですが、塾のクラスが上がったところで、付属校志望の場合は合格には結びつきませんから、意味がありません。

経験を積んだ家庭教師の先生の中には、**最初の話し合いのときに、「塾のテキストをやっていても合格できない」「志望校の対策をしたほうがいい」と、逆にアドバイスをくれるような先生もいます。このような先生なら信用できます。**

また、学生であっても中学受験経験者であれば、受験をしたのはほんの6～10年前のこと。特に中学受験の算数は特殊ですから、その経験があるに越したことはありません。

▼「苦手科目の補強」は効果が出やすい

また、**家庭教師をつけて効果が出やすいのは、「1科目だけ苦手がある」という場合**です。集団塾にずっと通っていた〝まいさん〟は、上位クラスと中位クラスを行ったり来たりしていました。その原因は算数。特に苦手だったのは、「比」や「割合」です。この苦手分野が理科にも影響していました。そこでまいさんは6年生の春に家庭教師を頼み、比や割合の問題を一から復習し、練習を重ねました。そのかいあって、算数の偏差値も他の科目と同じ数字で推移するようになりました。

家庭教師を使うのであれば、お子さんの苦手分野を見極め、そこを埋める、志望校対策を徹底的にしてもらうなど、効果が最大限に出せるように親がコントロールしなければなりません。切羽詰まってくると、塾をやめて4教科全てを家庭教師に丸投げするご家庭もあります。このような依頼が来ると「いいカモが来た」と喜んでいる家庭教師会社もあると聞きます。しかし費用は莫大な割に、効果は限定的です。

塾と違い、基本的に家庭教師にはカリキュラムはありませんから、それを決めるのは親御さんです。親御さんがしっかり子どもの実力や苦手分野、必要な対策を見極めて**指示をしないと、意味のない塾の補習でお茶を濁されてしまいます。**

9

合格に確実に近づく、個別指導や家庭教師への依頼法

個別指導塾、もしくは家庭教師の先生に、どのようなことをお願いすれば、付属校合格に近づけるのでしょうか？　ここでは、先生に依頼すべき事柄をまとめました。

▼5年生まで

- ノートのチェック
- 自分専用の参考書となるノート（小5用）の作成（P．100参照）
- 「学習サイクル」理解（授業）↓定着（復習）↓得点（演習）の確立（P．102参照）
- 苦手単元の洗い出し
- 苦手単元のやり直し
- 志望校入試問題から見た5年生で身につけておくべきことのチェック
- 1週間の学習スケジュール作成

・1年間のカリキュラム作成（3カ月ごとに更新）

▼6年生から

・自分専用の参考書となるノート（小6用）の作成
・志望校入試問題から見た6年生で身につけておくべきことのチェック
・過去問対策
・過去問演習用解き直しノートの作成
・志望校頻出問題の練習
・間違った問題用ノートの作成
・1週間の学習スケジュール作成
・1年間のカリキュラム作成（3カ月ごとに更新）

お子さんは自分の勉強を俯瞰して見ることはなかなかできませんし、先生に頼むこともできません。何が必要かは親御さんが判断し、しっかりと先生に伝えてください。

10 近い将来、集団指導の中学受験塾がなくなる三つの理由

私はこれから先、集団で指導する中学受験塾はなくなっていくと予想しています。それはなぜか。理由は三つあります。一つずつ説明していきましょう。

▼理由1 「個」を大切にする時代になっているから

「全体」から「個」へという流れは、もはや止めようがありません。「みんな一緒」という時代から、「ひとりひとりを大切にする」時代に、急速に変化しています。個性を大切にしていかなければ、個人も国もこれ以上の成長は望めないからです。高度経済成長期の日本であれば、同じような人材が同じような仕事をしてくれればよかった。しかし、**これからの時代はオリジナリティーのない人材は淘汰されてしまいます。代わりがきく人材はいらない**のです。

加えて少子化の日本。子ども1人にかける費用は、かつてないほど増えています。それ

だけの費用をかけるのであれば、それに見合った効果を期待する。そうなると、ひとりひとりに手厚い個別指導に集約されていくはずです。

▼ 理由2　集団指導は映像授業でも代用できるから

集団指導における学習定着率がどれくらいかご存じですか。**たった5%**という研究結果があります（P.96）。集団指導で授業を受けても、たった5%しか定着しないのであれば、テキストを読んで自習するか（学習定着率10%）、映像授業を受けたほうがいい（学習定着率20%）。「集団指導は映像授業でも代用できる」どころか、**映像授業のほうが効果が高い**のです。

個別指導であれば、先生に疑問をぶつけたり、習ったことを発表したり、先生に成り代わって教えたりすることができます。工夫次第で、学習定着率を飛躍的に伸ばすことができるのです。

大学受験ではすでに、このトレンドは進んでいます。東進ハイスクールやスタディサプリでは、映像授業がメイン。多くの学生が利用しています。映像であれば、繰り返し見ることができますし、人気講師の授業をいつでも、どこにいても受講することができます。

集団授業をあえて受ける必要はない、ということになるのです。

東進ハイスクールは、映像授業の先駆けとして、「地方にいても都心の高校生と同様に、カリスマ講師の授業が受けられる」ことをウリとしています。このシステムを地方の塾に売り込み、フランチャイズで一気に全国展開を果たすことで、SKY（駿台、河合、代ゼミ）の牙城を崩すことになりました。

とはいえ映像授業は「受験生のやる気」に負うところがあり、やる気のない生徒に、一方通行の映像授業を何度見せても効果は期待できません。**「コロナショック」で中学受験でもウェブでの映像授業が盛り上がってきましたが、効果が高いのは優秀生だけかもしれません。**手厚いケアが必要な中学受験において、普通の子が映像授業だけで成績を伸ばすのは、なかなか難しいと思います。

▼理由3　個性のある入試問題が増えているから

前章でもご説明した通り、入試問題というのは、「学校からのメッセージである」といわれます。たとえば慶應や早稲田が生活に根ざした問題を出してくるのは、ガリ勉ではない、世の中の変化に対応できる子を求めているからです。

近年、**付属校だけでなく、個性をアピールするような独特な出題をする学校は増えています。**今後はさらにその傾向が強まるでしょう。なぜなら、「その学校の対策をしてきたかがわかる」問題だと、「その学校へ行きたい」という生徒の意思を確認できるからです。**中堅校ならなおさら、仕方なく入ってくる子よりも、その学校に入りたくてしっかり対策をしてきた子を合格させたいはず**です。新御三家、鷗友学園の校長を務めた吉野明氏は「入試問題は、こんな生徒に入学してほしいという学校からのメッセージである」と述べています。この学校で出題された理科の問題の中に、女性の体に関する問題があったのは、「自分の体を知り、大切にしている生徒」を学校が求めている表れだといいます。そういった意味も含めて、対策が必要な入試問題を用意する学校が増えるのは、今後間違いありません。

大手進学塾で偏差値を上げれば合格する、という受験自体が、すでに過去のものになりつつあるのです。

新型コロナウイルス騒動は、中学受験業界にも激震を与え、大手集団塾の多くも自粛により、長い間授業ができませんでした。これにより、保護者の皆さんが集団指導について冷静に考え直すきっかけができたことが、この流れを加速させると感じています。

第4章

「やる気」も「学力」も上がる野田式勉強法

1 どうすれば子どもの「やる気」がオンになるのか？

子どもはみな、親の期待に応えたいという気持ちを持っています。ですから、親が「やりなさい」と言えば、たとえ嫌だと思ってもやるものです。そのもう一歩先、**親の期待が本当の意味で理解できるようになると、「やる気」がオンになることがあります。**そうすると、勉強への取り組み方が変わってきます。

〝みのるくん〟もその1人。お母さんがとても熱心な方で、学校帰りにそのまま塾に行くみのるくんを途中の駅で出迎え、制服から私服に着替えさせ、温かいお弁当を持たせて、帰りは塾までまた迎えに来る。こんな生活を続けていました。

しかしみのるくんにその気持ちは伝わらず、みのるくんは**「受験をやらされている」という思いがずっと抜けませんでした。**「わざわざ塾に通ってやっている」「受験をしてやっている」という気持ちが心を占めて、勉強にも身が入らない状態が続いていました。

ある日、みのるくんがコンビニのおにぎりを持って塾へ来ました。理由を聞くと、お母さんが風邪で寝込んでいるといいます。このとき私は、「いつも温かいお弁当を食べられる子なんて、なかなかいないんだよ。みのるくんはすごく恵まれているんだ。なぜお母さんは、ここまでしてくれるんだろうね」と、話をしました。

そこで初めて、みのるくんはお母さんが自分のためにどれだけがんばってくれていたか、自分のことをどんなに大切に思ってくれているかがわかったのです。**みのるくんはボロボロ泣きながら、おにぎりを食べ続けました。**それからです。みのるくんは決して後ろ向きなことを言わなくなりました。そこでスイッチが入ったのです。

▼自分が恵まれていることに気づかせる

親が子どもに直接「感謝しろ」という話をするのは逆効果になることもあるので難しいのですが、**中学受験をさせてもらえること自体がどれだけ恵まれたことであるかは、何らかの形で伝えるべき**だと思います。塾の先生や家庭教師の先生に言ってもらってもいいでしょう。

そして目指す学校に入って「どんな人になってほしいか」という親御さんの希望もぜひ伝えてください。期待されている、愛されているということに気づき、その環境に感謝することができれば、やる気はオンになりやすくなるからです。

2

子どもが自ら「勉強しよう」と思う何げない質問

何げない質問で、子どもがやる気になることがあります。

一つは、夢について話すことです。将来の夢が決まってくると、その夢をかなえるために、どのような進路を選べばいいかという話ができます。夢をかなえるための最短距離となる学校はどこか、そしてそのためには何をすればいいかという話をすることで、子どもに「勉強しなくては」ということに気づかせるのです。**夢をゴールに据え、そこに到達するために、今しなければならないことは何かについて質問をしていく**のです。

その上で、たとえば、不得意科目があるなら、「なぜ得意科目と不得意科目があるのかな？」「勉強時間の差かな？」「授業がちゃんと理解できないのかな？」というように、どんどん細かいところを詰めていきます。

学校でやりたいことが決まっている子には、「入ったらテニスやるんだよね？」といった質問も効果的です。合格後の話をするのは楽しいですし、「それならやはり勉強しなくちゃ」と気づくことができます。

成績が上がらなくなったときには、「友達と競争するのがきらい？」といった質問が、自分を振り返るきっかけになることがあります。他人を蹴落としてまで自分が上にあがりたいとは思わない子も中にはいるからです。そのような話の中で、「受験は自分自身の成長である」という話をしてあげるのもいいでしょう。

また、**「なんで難しく感じるようになったんだろうね？」という質問も、成績が下がったときに私がよくする質問**です。「○月くらいから成績が落ちてきた」などと生徒は答えますから、「じゃあそのときと今と何が違っているんだろうね？」と続けます。自己分析をさせ、「どうやったら改善できるだろう？」と、解決策まで考えさせます。

やる気がなくなっているときには、「勉強、大変？」といった質問もします。そして「どうしたら勉強が大変じゃなくなるかな？」と、子どもの気持ちに寄り添いつつも、本人に答えを言ってもらいます。

いくら親が「勉強しなさい！」と言っても、子どもには響きません。それどころかやる気を失ってしまいます。自ら「勉強しよう」と思わなければ、合格を手に入れるだけの勉強量をこなすことはできませんし、勉強の質も高まりません。**ポイントは、こちらが答えを言うのではなく、子ども自身に考えさせること**です。

3

学習定着率を5%から90%に上げる「魔法のひとこと」

受けた授業が身につかなければ、せっかくの時間が無駄になってしまいます。実は、同じ授業でも取り組み方を変えるだけで、その効果は何倍にもなるのです。

左の図を見てください。これは、アメリカ国立訓練研究所（National Training Laboratories）が発表している「平均学習定着率（ラーニングピラミッド）」と呼ばれるもので、勉強方法による学習の定着率を表したものです。学校や塾で当たり前となっている**「講義を受ける」の定着率は、なんと5%しかありません。その対極にあるのが90%の定着率となる「人に教える・説明する」**です。

たとえば「世界一の教育」と呼ばれるオランダの学校では、1年生から3年生、4年生から6年生といった異なる学年でクラスが組まれ、「わからない子には、上級生などわかる子が教える」のが当たり前。**「人に教える」学習法**になっているのです。

ラーニングピラミッド

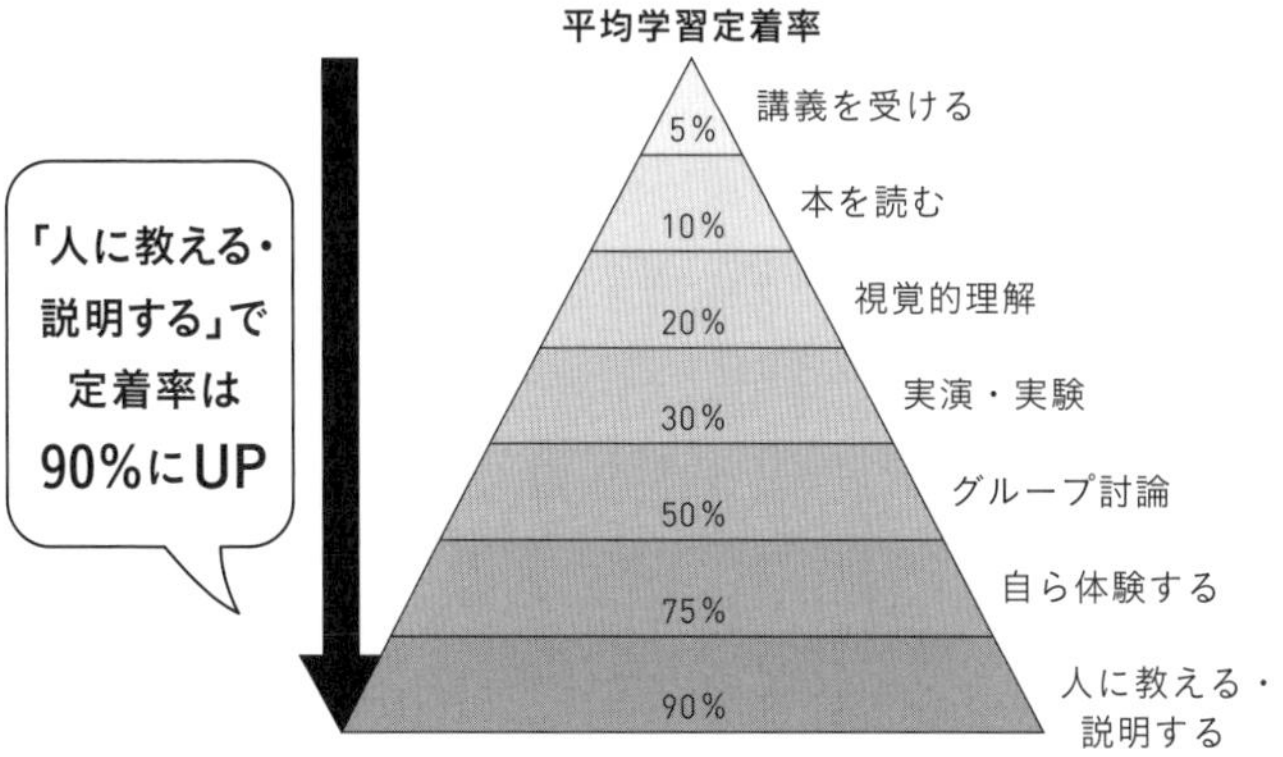

出典：アメリカ国立訓練研究所（National Training Laboratories）

「早慶維新塾」と「早慶ゼロワン」では、この「人に教える・説明する」方法を「Ａ・Ｏラーニング（Aggressive Output Learning）」と名付け、大切にしています。授業を始める前に、先生は生徒に、

「今日の授業の最後に、今日先生が解説したことを説明してね」

と伝えます。たったこれだけのことなのですが、生徒の集中力は格段に高まります。「ちゃんと授業を聞かなければいけない」という意識になるからです。**アウトプットを意識すると、よりインプットできるようになる。**それは授業をする上で、日々私たちが感じていることです。

さらに、慣れてきた子には、**「ポイントを三つに分けて説明してね」**と伝えておきます。これは大人でも難易度が高いのですが、「A・Oラーニング」が身についてくると、できるようになります。

▼この声かけで子どもが塾で集中する

この方法は、ご家庭でも使えます。**お子さんが塾へ行く前に、「今日塾で習ったことを、帰ったらママ（パパ）に教えてね」と伝えておきます。**そして帰ってきたら、塾での勉強の内容を子どもに解説してもらうのです。

これは定着率を高めると同時に、授業のよい復習にもなります。授業の「受けっぱなし」を防ぐことにもなるからです。もちろん学校の授業でも同じです。「今日理科で習うこと、帰ったら教えてね」と言っておけば、お子さんはその授業を集中して聞いてくるはずです。

この方法が使えるのは勉強だけにとどまりません。

たとえば、修学旅行、移動教室、ご家庭での旅行を、さらに意味あるものにすることもできます。何も準備のないままでは、ただ「楽しかった」で終わってしまうこれらの旅行ですが、**「印象に残ったことを三つ、帰ったら聞かせてね」**と伝えておくと、お子さんは印象に残るものを見つけようと一生懸命になり、お土産話が盛りだくさんになるものです。

学年別でみると、低学年時は教わっていないことが多いため、どうしてもインプット量が多くなります。しかし、学年が上がるにつれ、意図的にアウトプット量を意識した勉強が必要になってきます。小6になってメインとなる過去問演習も、アウトプットを意識した勉強法といえます。模擬試験なども同様です。

▼「インプット3：アウトプット7」が黄金比率

親は**「インプット3に対してアウトプット7」**という黄金比率を意識しておくといいでしょう。最高の学習定着が期待できます。

しかし、小6になり親があせってくると、空いている時間を授業と家庭教師など、授業のインプットで埋めてしまう方が多くいらっしゃいます。これではアウトプットをする時間がなく、なかなか学習が定着しません。

受け身では学べないのが私たち。**アウトプットするという目標を掲げておくことで、学習効率は飛躍的にアップするのです。**

4

成績がみるみる上がる！「授業ノート」の取り方

塾などでノートを取る必要というのは、どれくらいあるのでしょうか？　私は、**ノートを取らなければ忘れてしまうくらいなら、取る必要はない**と考えています。一度の授業で先生が生徒に伝えたいことは、せいぜい三つくらいしかありませんし、ほとんどの内容はテキストに書いてあります。

ノートの役割は、そのノートを後で見たときに、「先生の講義を思い出すことができる」「しっかり授業の復習ができる」ということです。ですから、**ノートを取るなら、その言葉から、頭の中の情報を引き出せる、トリガーとなるようなポイントだけを書くようにします。**これは直前期の復習のための参考書となり、受験当日に持参する「お守りノート」にもなります。

▼子どものノートで授業の理解度がわかる

皆さんはお子さんのノートを見ているでしょうか？　お子さんのノートを見ると、様々なことがわかります。**文字が乱れていたり、図がゆがんでいるのは「ノートを取るのに必死」ということ。**板書を見ながら手元のノートを見ずに写している可能性もあります。ホワイトボードを写すことに精一杯で、授業についていけてないのです。また、女の子によくある**「きれいすぎるノート」も要注意。**たくさんの色を使った詳しすぎるノートは、「ノートを書くことが楽しい」ということ。こちらも授業の内容が頭に残っていない可能性があります。きれいなノートをつくることが目的になっているからです。

通常、学校でも、塾でも、子どもたちに「授業を聞くこと」と「板書を写すこと」という二つの作業を同時にさせています。しかし、**これらを同時にできる子というのは、実はそんなに多くありません。**これは大人も同じです。たとえば弾き語りが難しいのは「弾く」と「歌う」を同時に行うから。授業を聞きながら板書するというのは、ピアノを習い始めた人が、いきなり弾き語りをするほどの難しさであると考えてもいいでしょう。

私は生徒に、**解説をしているときには鉛筆を持たせない**ようにしています。解説をし終えた後、生徒は板書した内容をノートに写します。まずは解説を聞き、理解することに集中する。そしてその後、ノートにポイントを書き写す。**このように作業を分けることで、「聞く」「写す」というそれぞれの過程で、理解することに集中できる**のです。

▼「ダブルリピート」で、得点力がつく！

この方法であれば、ノートにポイントを写している間に、生徒は頭の中で先生の解説をリピートすることになります。つまり**その場ですぐに、復習することができる**のです。さらに家に帰って、そのノートを見ながら**親に説明するなどしてリピートすれば2度目の復習になります。**これが「ダブルリピート」です。1日のうちに2回復習できれば、定着度はさらに高まります。塾に通っていると、授業と宿題をこなすだけでいっぱいいっぱいで、なかなか復習の時間がとれません。**聞いてから、ノートを取る。ノートを使って説明する。**たったこれだけのことですが、ただ聞いているだけの授業とは比べものにならないくらい、生徒の身になるのです。

そしてお子さんに必要なのは、**「理解（授業）→定着（復習）→得点（演習）」の三つのステップで成り立つ「学習サイクル」を確立させること**です。まずは授業をしっかり理解し、ダブルリピートによる復習でその内容を定着させます。そして実際の過去問などで「得点」する力をつけていきます。知識を頭に入れても、それを使って問題が解けなければ、得点には結びつきません。繰り返しの復習と演習が必要なのはそのためです。

まずはお子さんのノートを見てみましょう。そして、そのノートに書かれていることを

理解（授業）→定着（復習）→得点（演習）の3ステップ

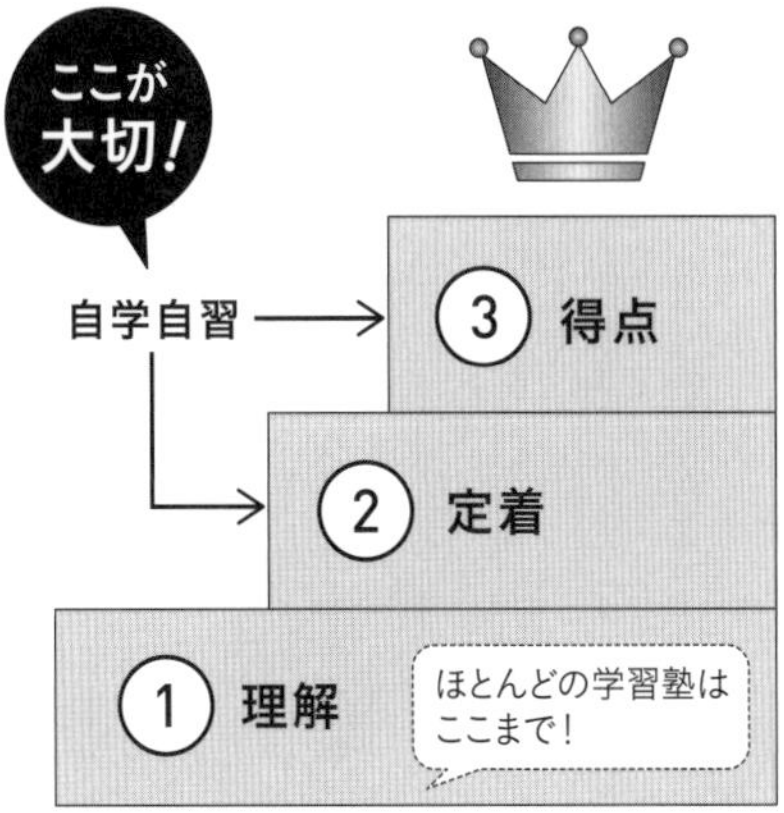

理解しているかどうか、質問をしてみてください。まともに説明できないとしたら、お子さんに授業についていくのがつらくないかどうか、聞いてみてください。**学習サイクルにおける最初の「理解」でつまずいているお子さんが、実際にはとても多い**のです。

もし「理解」から先に進めていないのなら、塾へ相談してみます。板書を書き写す時間の余裕をもらうなど、何らかの方法を用いて「理解」に費やすための時間を確保しなければなりません。改善されないなら、クラスの変更や転塾も含めて検討したほうがいいかもしれません。

お子さんが授業中にすることが「板書を写す」ことだけであるなら、その授業を受けている意味はないからです。

5

TVのニュースやドラマで「考える力」をつける方法

親のちょっとした問いかけによっても、子どもの成績の伸びは大きく変わってきます。

たとえば、一緒にニュースを見ているとき。悲惨なニュースを見て「大変ね」「かわいそうね」と感想を述べるだけでは、学びにはつながりません。「しゅんくんはどう思う？」「りさちゃんならどうする？」など、子どもの意見を聞いたり、解決策を考えさせたりする質問を積極的にしていきます。このような日常生活の質問で、子どもがニュースを理解しているか、それはどの程度なのかも確かめることができます。

日常的な問いかけが重要なのは、それが子ども自身の内的な問いかけへとつながるからです。問題を解いているときに「なぜこうなるんだろう？」「どうすればいいのだろう？」と自分自身に質問できるようになれば、おのずと学びは深まります。

これはニュースだけではありません。**連続ドラマなどはいつも、いいところで終わって**

しまうものです。そのときに「次回はどうなると思う?」と聞いてみましょう。

つまり、展開を読ませるのです。これは国語の物語文の読解にもつながります。映像のほうが、登場人物の感情や動向を読み取るための情報が、文章より多いものです。物語文が苦手なお子さんにとっては、ドラマは登場人物の気持ちや動向を読み取る練習にもなるのです。親御さんの「次回はどうなると思う?」という問いかけが、より深くストーリーを理解するきっかけになるのです。

すでにお話ししているように、授業に関する質問をするのもいいと思います。そのときのポイントは、基本的にYES/NOで答えられる質問はしないということです。ただ、最初だけはOK。「今日の授業わかった?」と聞いて、「うん（YES）」と答えたら、「何を習ったの?」という次の質問に、答えないわけにはいきませんから（笑）。

気をつけるのは**お子さんの意見や考えを否定して、「正解」を言ってしまわないようにすること。**せっかくの意見を否定されたら、答える気がなくなってしまいます。お子さんの説明がわからないときには、「じゃあ次はもうちょっと詳しく説明してね」と伝えます。すると、次の授業をさらに真剣に聞いてきてくれるようになります。

中学受験における親の役割は、勉強を教えることではありません。日常生活の中で子どもに質問し、子どもに教えてもらうことなのです。

6

記憶の定着率が高まる「3本締め暗記法」

受験勉強では暗記することが数多くあります。暗記のために必要なのは、回数です。**忘れたころにまたやることが何より大切**。たいていの子は、たとえば「一つの漢字を10回書き取りしておしまい」としてしまうのですが、それでは簡単に忘れてしまいます。

私がおすすめしているのは「3本締め暗記法」というものです。

1回に書く回数は少なくていいので、**1週間のうちに「3セット」行う**ようにします。「夜と翌日の朝」で1セットと数えます。たとえば、1週間で30個の漢字を覚えたいなら次のようにやります。

このように練習していくと、「2セット＋テスト」で3回練習することができます。3回で締めるので「3本締め暗記法」です。1回にかかる時間はほんの少しですから、習慣にしてしまえば、それほど苦にはならないはずです。このように、**時間をおいて繰り返し練習することで、記憶の定着率が高まる**のです。

3本締め暗記法を使った漢字の書き取り例
（1週間で①～㉚の30個の漢字を覚える場合）

曜日	朝	夜
月曜日		①～⑩を練習
火曜日	①～⑩を練習	⑪～⑳を練習
水曜日	⑪～⑳を練習	㉑～㉚を練習
木曜日	㉑～㉚を練習	①～⑩を練習
金曜日	①～⑩を練習	⑪～⑳を練習
土曜日	⑪～⑳を練習	㉑～㉚を練習
日曜日	㉑～㉚を練習	①～㉚をテスト
月曜日	①～㉚をテスト	

これで
3セット！

＊1回の練習では、決められた範囲の10個の漢字を2個ずつ3回書き、それを夜朝3セット繰り返します。こうすれば、途中で飽きることなく、まとめて書くよりも、記憶にとどまりやすくなります。

忘れた頃に
また思い出すので
記憶に残る！

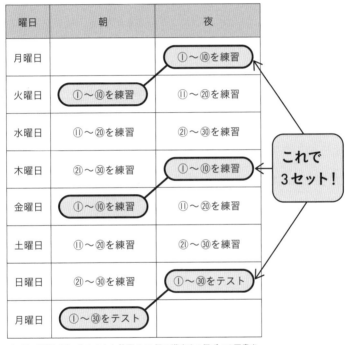

7

スケジュール作りには「宿題管理表」が役に立つ

普通の子は、放っておいたら好きな勉強しかやりません。「まんべんなく苦手を埋めていこう」などという考えは、子どもにはありません。**子どもが勉強していると安心して、気がついていない親御さんも多いのですが、算数が好きな子は算数ばかり、国語が好きな子は国語ばかりやっているものです。**苦手が苦手のままなのは、単に勉強していないから、ということも多いものです。

そういった勉強の偏りを防ぐには「宿題管理表」が役に立ちます。

P.110に載せたのは、私の塾に通っている生徒の実際の宿題管理表です。担当の先生は時間ごとに「やること」をテキストの名前やページ数などとともに書き込み、それを確認した後に押印します。

1マスは30分単位となっていますから、子どものスピードも考えながら何時から何時の間に、テキストの何ページから何ページまでをやる、といったように細かく記入しておきます。

巻末に、拡大コピーして使える原本を用意しましたので、ぜひ活用してみてください。

ご家庭でやる場合は、できたら親が「確認」欄に、チェックを入れるとよいでしょう。好きなハンコやシールを使ってもいいですね。

▼宿題だけでいっぱいになるなら仕分けが必要！

大手塾に通っている子は特に、この表に記入すると、塾から出されている宿題だけでいっぱいになってしまうことが多いと思います。それは宿題が多すぎるか、もしくは宿題が難しくて時間がかかりすぎているかのどちらかです。

いずれの場合も、すべき宿題とそうでない宿題を仕分けする必要があります。

特に6年生は、宿題に振り回されるのではなく、過去問を解いたり、自分の苦手分野を潰したり、志望校の頻出問題を練習したりする時間が絶対に必要です。

宿題管理表を使いながら、お子さんに必要な勉強を割り出して、スケジューリングしていきましょう。

	確認	7月7日 金	確認	7月8日 土	確認	7月9日 日	確認
P26 …さ練習	野澤 青山	算 計算練習 P27 国 漢字 前夜まちがえたものを練習	野澤 青山	算 計算練習 P28 国 漢字 前夜まちがえたものを練習	野澤 青山	算 計算練習 P29 国 漢字 前夜まちがえたものを練習	野澤 青山
				理 必勝テキスト「復習編」 P72~P75 丸つけ解き直し	中村		
				自習 算 確認テスト "円とおうぎ形" 80/100 再テスト	野澤	中村（理科）	
				自習 算 テスト直し		自習 理 ノートをまとめる 必勝テキスト P185 （ワンポイント チェック）	中村
				望月（社会） 次回、確認テスト 合格!!		自習 国 復習 P100~105 丸つけ +P100-101要約 必勝 P144-145 ※まぎらわしいことばの読み割り もう一度	青山
~P63 …こと!! …覚える	望月 望月	バレエ		自習 社 必勝テキスト上 P111~P113 ※答えはノートに書くこと!! テスト勉強（二十四節気を覚える）	望月 望月		
						社 テスト勉強（二十四節気を覚える）	望月
82-87	野澤	自習 社 問題演習編テキストP116~P121 ※答えはノートに書くこと!! テスト勉強（日本の祝日を覚える）	望月 望月				
…り …直し	青山	国 漢字 No32 1-15 練習シートにやる	青山	国 漢字 No32 16-30 練習シートにやる	青山	国 漢字 No32 テストしてみる、直し	青山

早慶維新塾で使用している「宿題管理表」の例

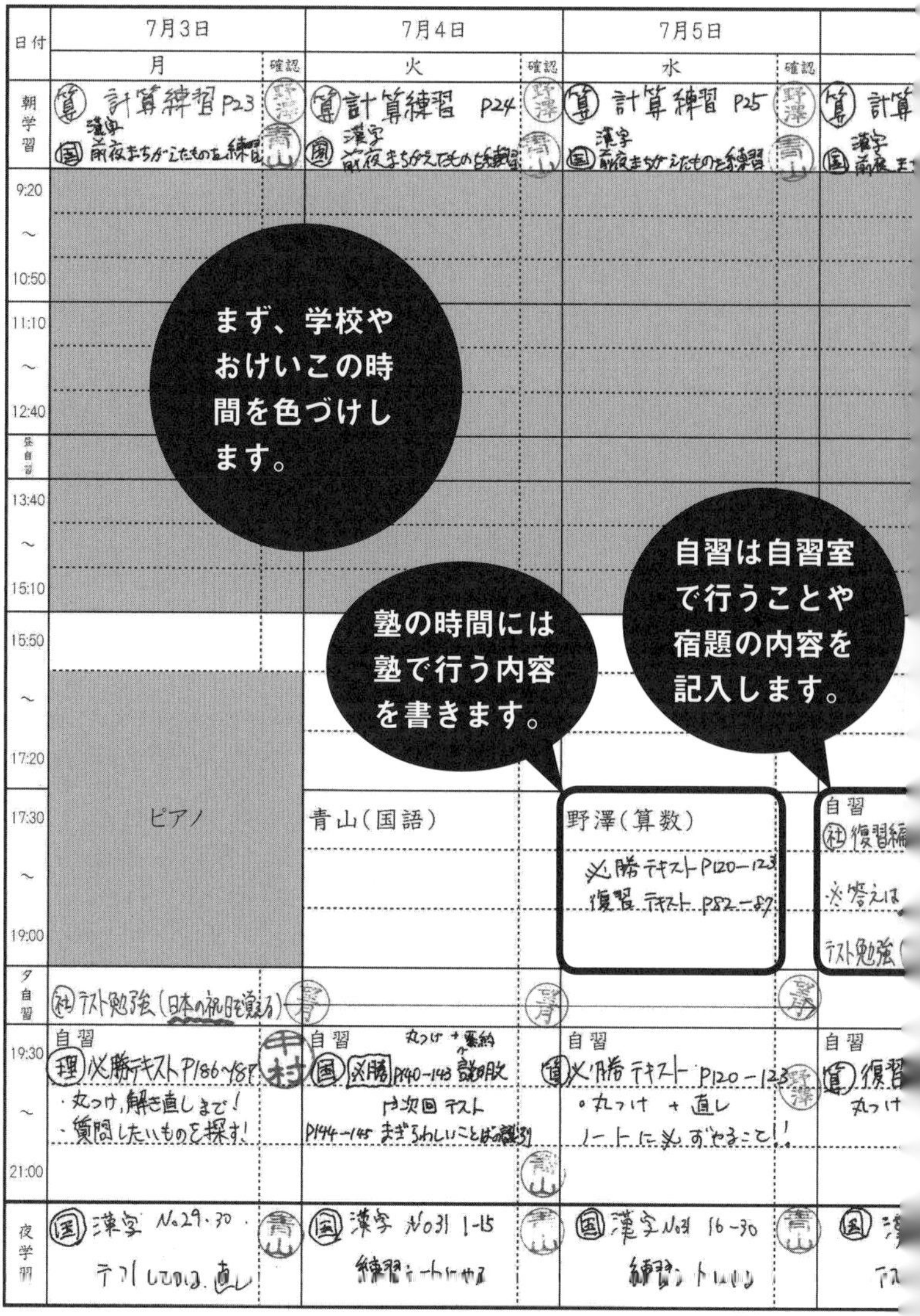
まず、学校やおけいこの時間を色づけします。
塾の時間には塾で行う内容を書きます。
自習は自習室で行うことや宿題の内容を記入します。

日付	7月3日 月	確認	7月4日 火	確認	7月5日 水	確認	
朝学習	算 計算練習 P23 国 漢字 前夜まちがえたものを練習	野澤 青山	算 計算練習 P24 国 漢字 前夜まちがえたものを練習	野澤 青山	算 計算練習 P25 国 漢字 前夜まちがえたものを練習	野澤 青山	算 計算… 国 漢字 前夜…
9:20〜10:50							
11:10〜12:40							
昼自習							
13:40〜15:10							
15:50〜17:20							
17:30〜19:00	ピアノ		青山（国語）		野澤（算数） 必勝テキスト P120−123 復習 テキスト P82−87		自習 社 復習編… ※答えは… テスト勉強…
夕自習	社 テスト勉強（日本の祝日を覚える）	青山		青山		青山	
19:30〜21:00	自習 理 必勝テキスト P186〜187 ・丸つけ、解き直しまで！ ・質問したいものを探す！	中村	自習 国 必勝 P140−143 読解 丸つけ＋要約 →次回テスト P144−145 まぎらわしいことばの識別	青山	自習 算 必勝テキスト P120−123 ・丸つけ＋直し ノートに必ずやること！	野澤	自習 算 復習… 丸つけ…
夜学習	国 漢字 No.29・30 テストしてから直し	青山	国 漢字 No.31 1-15 練習ノートにやる	青山	国 漢字 No.31 16−30 練習ノートにやる	青山	国 漢… テス…

8

「未来合格体験記」を書くだけで、合格がグッと近づく

「予祝」という言葉を知っていますか？　これは「事前に祝う」ことをいいます。先に祝うことで、未来の夢をかなえた自分を体験し、夢を現実にすることが目的です。

この「予祝」にあたるのが、「未来合格体験記」です。**合格した自分になって、体験記を書く**のです。早慶維新塾では、ゴールデンウィークごろに生徒に書いてもらいます。

「社会の勉強がたいへんだったけどがんばりました」「本番では苦手な図形の問題がちゃんと解けました」など、子どもたちは様々なことを書いてくれます。

このような未来合格体験記を書くことで、子どもたちは初めて、合格した自分をはっきりとイメージし、さらにそのゴールから今の自分を眺めることができるようになります。そして**「夢をかなえた自分」と「今の自分」のギャップを、強く感じるようになる**のです。

これで、今の自分に何が足りないかがわかるようになると、勉強にも身が入るようになります。

次のページに載せたのは、2020年の入試で慶應普通部と中等部に見事ダブル合格を果たした〝わたるくん〟が前年の5月に書いていた「未来合格体験記」です。合格前に書いたとは思えないほど細部がはっきりとしていますよね。**この体験記をしっかり書けた子というのは、それが現実になる**ことがほとんどなのです。

ぜひ、お子さんにも「未来合格体験記」を書いてもらいましょう。書く時期は、説明会や文化祭に行って、写真を撮った後などがいいと思います。

▼志望校の前で写真を撮るのもおすすめ

また、合格した自分をイメージするという意味では、志望校の前で写真を撮るのもおすすめです。**その日が合格発表の日だと想像し、受かった自分になりきって、気持ちを想像しながらニコニコした表情で撮る**のです。そして、その写真を受験勉強の間、ずっと見えるところに貼っておきます。

こうすることによって子どもの中で「合格」のイメージが明確になり、自分ごとの**「自分受験」**へと変わっていくのです。

慶應にダブル合格!! わたるくんが書いていた「未来合格体験記」

「あったよ！」

母の言葉で僕は合格を知った。

「ほんとうに！ほんとうなの！」

僕は何度も聞き返した。胸が熱くなって、うれしさが爆発した。このとき僕は、努力は裏切らないことを証明できた。そして、野田塾長との約束を守ることができたのだ。

いまから1年前、僕は早慶維新塾に通い始めた。

慶應普通部に合格したかったからだ。野田塾長と最初に面談したとき、「努力は裏切らない」と教えてもらった。そして、「これから1年間ちゃんと努力すること」、これを約束したのだ。

でも、僕は最初のうち、本当に慶應普通部に合格できるのかどうか、不安でいっぱいだった。あのときの僕の偏差値は10以上足りなかったからだ。そして、苦手の国語を克服しないと合格できないと思っていた。

それに前の塾で、志望校を変えるように言われていたからだ。

しかし、入塾から2カ月後、最初の模擬試験で一気に偏差値が10ポイント伸びた。

あのときはすごく驚いた。

先生の言われたとおりにやっただけなのに、こんなに成績って上がるのかと信じられない思いだった。いままでの勉強はなんだったんだ？　そう感じた。

それから、僕はいつも120%の努力をしたと思う。

眠いときも、疲れていても、決めたことは必ずやっていた。漢字と計算は、夜15分、朝15分、休まずやった。だから、漢字と計算は自信がついた。夜は10時半には必ず寝るようにした。朝は6時には必ず起きて朝勉強もした。時間を決めて勉強すると集中できた。

だから、先生方が書いてくれた宿題管理表は予定どおりに、これもさぼらずにやることができた。過去問演習も、ただやるだけでなくて解き直しを大切にした。

同じミスを二度と繰り返さないように心がけて勉強した。解き直しノートも作って、復習を徹底してやった。

僕は2020年4月から慶應普通部の塾生になるという自信がついた。

苦手な国語だって、特に物語文の登場人物の気持ちがわかるようになった。

2020年2月3日、僕は慶應普通部に合格する。努力は絶対に裏切らないから。

早慶維新塾の皆様には、本当にお世話になりました。努力は裏切らないというのは本当でしたね。これからも努力を続けて立派な大人になろうと思います。

先生方のことはけっして忘れません。本当にありがとうございました。

第5章

大学付属校受験のための「模試」活用術

1

同じ学校でも模試によって偏差値が10以上違う理由

この章では、受験生なら必ず受ける模擬試験（模試）の活用術についてお話ししていきたいと思います。

「同じ学校なのに、いくつも偏差値があるのはなぜですか？」

こんな質問をよく受けます。皆さんが指針としている偏差値ですが、**中学受験においては、実に何種類もの偏差値が存在します。**偏差値は各模試が算出しています。テストごとに算出している模試もあります。首都圏では左記の4大模試、関西圏ではP．118〜119の五つの模試の偏差値を使っていることが多いようです。なお、本書での偏差値は、特に説明がない限り、首都圏では首都圏模試センター、関西圏では日能研の偏差値を使用しています。

模試によって偏差値はこんなに違う！

		開成	桜蔭	早稲田実業 男子	早稲田実業 女子
1	首都圏模試センター「合判模試」	78	77	73	75
2	日能研「全国公開模試」	71	67	64	67
3	四谷大塚「合不合判定テスト」	70 (66)	70 (67)	64 (60)	69 (66)
4	SAPIX「合格力判定サピックスオープン」	67	62	55	58

18も違う！

（　）は50％偏差値（P. 120参照）

【首都圏】
1　首都圏模試センター「合判模試」
2　日能研「全国公開模試」
3　四谷大塚「合不合判定テスト」
4　ＳＡＰＩＸ「合格力判定サピックスオープン」

まず違いを感じるために、首都圏の４大模試での開成、桜蔭、早稲田実業（男子・女子）の学校の偏差値を見ていきましょう。ざっと見ただけでも、ＳＡＰＩＸと首都圏模試センターの偏差値の違いがわかります。同じ学校の判定で、10以上も差がついています。

▼同じ学校で18も偏差値が違う！

特に、偏差値の乖離が大きい学校もありま

す。表中の早稲田実業の男子にいたっては、18も違います！　なぜこのような違いが出るのでしょうか？　これらの模試について説明をしていきましょう。

2〜4は大手進学塾が実施しています。1のみ、塾ではなく「首都圏模試センター」という会社が実施しています。これだけ偏差値が違う理由の一つは、模試で出題される「問題難易度」と「母集団となる子どもの学力」が関係しています。

1の首都圏模試センター「合判模試」がこの中では一番問題の難易度が低く、受験する子どもの成績も標準的です。4のSAPIX「合格力判定サピックスオープン」は問題の難易度が高く、受験している子どもたちの成績はトップレベルとなります。つまり**「問題難易度が低く、受験している子どもの学力が標準的であれば、偏差値は高く」「問題難易度が高く、受験している子どもの学力が高ければ、偏差値は低く」**算出されます。

▼近畿圏最大規模は五ツ木書房・駸々堂模試

【関西】

1　五ツ木書房　「五ツ木・駸々堂中学進学学力テスト会」

2　日能研　「全国公開模試」

3　能開センター　「中学受験公開模試」

4　馬渕教室「馬渕公開模試」
5　浜学園「公開学力テスト」

関西では、**最大手の塾である浜学園主催の「公開学力テスト」は進学校志望者の受験者が多い**傾向があります。毎月開催されており、2800名くらいの母集団です。公開模試のため、一定割合の塾外生も受験できるのですが、浜学園の生徒が主体です。これ以外にも6年生は「小6学校別プレ入試」で実践的な練習ができます。他に能開センター「中学受験公開模試」や馬渕教室の「馬渕公開模試」を受けている子も多くいます。日能研は全国規模での水準を判断するのに便利です。

また、五ツ木書房が主催する「五ツ木・駸々堂中学進学学力テスト会」は、近畿圏では最大規模の受験生が受ける公開模試です。自己推薦入試の合否判定の基準の一つとして使われることもある、信頼性の高い模試です。関西における首都圏模試の役割を担っている模試と言えます。**付属校志望者は、こちらの偏差値で見るとよい**でしょう。

まずは「模試によって偏差値は違う」「模試の難しさとそれを受ける層に違いがある」ということを覚えておいてください。

2

第一志望校なら50%偏差値に届いていればチャレンジせよ！

これだけ模試ごとに偏差値が違うのは、模試を受ける「層」に違いがあるからです。

偏差値はその模試を受けた子の中で算出されます。たとえば**中学受験生の中で平均的な成績のAくんであれば、四谷大塚、日能研の模試ではおおよそ偏差値50、SAPIXでは40、首都圏模試では60の偏差値**となります。これ以上に差がつくことも多くあります。

雑誌や本、ウェブで語られる偏差値はどの偏差値なのか。偏差値を見るときには注意が必要です。

日能研、四谷大塚はその塾に通っている子を中心にしながらも、通っていない子も多く受験しています。模試を受ける受験生の数は5000～1万3000人ほどです。母集団が大きく、受ける受験生の学力の幅も広いため、適正な偏差値が出るといわれています。

サピックスオープンの受験者数は、約5000人。しかもほとんどがSAPIXの生徒です。内容もSAPIXの授業に沿ったものが出題されます。中学受験者の中でも、上位層ばかりが受験しているる模試といっていいでしょう。母集団の成績が高く、その中で偏差値をつけるので、全体的に偏差値は低く算出されます。この模試での偏差値50は、中学受験生全体では上位と考えて問題ありません。ちなみに、サピックスオープンの男子偏差値でちょうど偏差値50とされている2月1日のサレジオ学院は、首都圏模試の偏差値では70となっています。

このように首都圏模試は、偏差値が高めに出る模試です。成績上位者の受験者は少なく、大手塾に所属していない受験生も受けています。問題も他の模擬試験と比べると易しいといえます。

しかし、後述しますが、**付属校受験をするのであれば首都圏模試がおすすめ**です。

▼50％偏差値に届いているなら、半分の子は合格できる！

さらに覚えておきたいことがあります。偏差値の種類です。**模試によって呼び方は違いますが、多くの模試で採用されているのがいわゆる「80％偏差値」**です。これは「この偏差値を取る子なら10人中8人は受かる」とされる偏差値です。一般的にはこの80％偏差値が使われますが、模試によっては「50％偏差値」など、いくつかの偏差値を発表している場合があります。ちなみにこの50％偏差値は「10人中5人が受かる」とされる偏差値です。

四谷大塚の模試を受けた開成志望の男の子であれば、偏差値が70あれば8割の合格可能性が、66であっても5割は可能性がある、ということです（P．117の図参照）。

早稲田をめざしていた〝ひろとくん〟が、「志望校を変える」と相談に来ました。聞くと、「四谷大塚の偏差値で5ポイントも届いていないから」と言うのです。よくよく結果と偏差値表を見ると、50％偏差値には届いています。「この偏差値なら、半分の子は合格しているよ。第一志望であれば、諦める必要はないよ」とアドバイスをすると、ひろとくんは「お母さんにそう伝える！」と言って、嬉しそうに教室を出ていきました。

第一志望であればなおさら、「5割」ならチャレンジしたほうがいいのです。偏差値の見方を親が知らないばっかりに、お子さんのやる気をくじいてはなりません。

▼受ける日によっても偏差値は変わる

さらに言えば、受験日が複数回設定されている学校では、受験日によって同じ学校でも偏差値が変わります。例えば男子校では、芝が「第1回70→第2回72」でプラス2、海城は「第1回73→第2回75」でプラス2、女子校では吉祥女子が「第1回71→第2回73」でプラス2、鷗友学園が「第1回69→第2回72」でプラス3などとなっています。

逆に、あまり偏差値的に差異はないのですが、日程があとになればなるほど実感として合格するのが難しくなる学校も多くあります。たとえば、早稲田中学校は「第1回74→第2回75」と偏差値の差は1ポイントしかありませんが、指導する立場からいえば10ポイントくらいの差があるように感じています。それだけ早稲田中学校の第2回で合格するのは難しい。第1回で、もともと合格できたはずの生徒が、実力が発揮できず不合格になってしまい、第2回でリベンジして合格するという例しかありません。早稲田中学校にギリギリで合格できるかもしれない生徒が、第1回で不合格になり、第2回で合格するというドラマチックな展開には、出合ったことがないのです。

このように、同じ学校であっても受験する日にちによって、偏差値や合格のしやすさは変わります。

偏差値は万能ではありません。模試によって違いがあり、受験日によっても変わります。もちろん男女差もあります。**そして付属校受験において最も重要なのは、後ほど詳しく説明しますが、偏差値よりも入試問題との相性です。**偏差値に振り回されて志望校を決定したり、志望校のランクをむやみに落としたりして、お子さんのやる気をそぐといったことがないようにしなければなりません。

3

付属校志望なら、迷わず「首都圏模試」を受ける

付属校志望のお子さんは、どの模試を受けて、どの偏差値を信用したらいいのでしょうか？「慶應や早稲田のような難関付属校なら、難易度の高いサピックスオープンの偏差値が適切なのでは？」と考える方も多いのですが、それは違います。

実は、**付属校受験生にぴったりの模試は、首都圏模試センターの「合判模試」なのです。**それはこの模試の出題傾向が付属校のものに近いからです。この模試なら「ミスなく高得点を取る」練習ができます。

また、これ以外の模試はどれも、御三家などの難関進学校向けに問題が作成されています。そのため、付属校を第一志望校にしている生徒には向かないと言えます。

▼首都圏模試「合判模試」のデメリットも知っておく

しかし、デメリットもあります。この**「合判模試」は、成績上位の生徒があまり受験し**

ていません。P．117の1から4にいくに従って、受験者における成績上位者の割合も高くなります。SAPIXには成績上位者が多く通っているため、その塾が主催する模試の難易度も上がり、偏差値が低く出るのはお伝えした通りです。

また、大手進学塾では「合判模試は問題が易しすぎるから受けても仕方ない」と言っています。そのため、上位の子はあまり参加しないのです。上位の子がごっそり抜けるため、総じて偏差値は高めに出ます。

この傾向は、何も首都圏模試ばかりではありません。近年、四谷大塚とSAPIXは、模試を同日にぶつけてきています。そのため「四谷大塚の模試をサピックス生が受けられない」という状況が生まれています。そうなると、四谷大塚のテストの結果も「上位の子が抜けた結果である」という冷静な判断が必要となってきます。

付属校志望の子が、SAPIXの模試でいい偏差値を取れなくても心配することはないし、**付属校の合格判定においては首都圏模試のほうが信頼できる**のは事実。

ただし、実際の入試の際には、この模試を受けていなかった上位の子も入ってくると心得て、いい偏差値が出ても気を抜かずにがんばることは重要です。

4

模試の結果で見るべきは偏差値よりも「正答率」

模試を受けた際、大切なことは二つあります。意外とこれをしていないご家庭が多いので、基本的なことですが、お伝えしておきます。

- **正答率を見る**
- **解き直しをする**

「偏差値を見て終わり」では、模試を受けた意味がありません。模試はその子の得意分野、苦手分野のあぶり出しに最適なのです。

まず見るのは各問題の「正答率」です。ここには、受験者全体の正答率が示されていますす。たとえば正答率95%の問題は、受験者のほとんどが正答したということです。これが3%となると、100人中3人しか解答できていないということがわかります。

ざっくり言えば、**70%の子ができている問題は「基本問題」。これを落としているなら、必ずできるようになるまで復習します。**逆に正答率が20%以下の問題で自分が正答しているなら、それは「得意分野」です。もしそこが志望する学校で頻出の分野であれば、しっかり磨きをかけておくといいでしょう。

また、正答率を見るときには「どの分野の問題を間違ったのか」を見るようにします。たとえば算数なら、同じ偏差値の子であっても、「単純な計算問題を間違えた」のか「立体の切断が解けなかった」のかで、その後の対策はまるで違います。**親御さんの役割は、模試でお子さんの苦手分野を見つけること。そして、次の模試や別の模試でその苦手分野ができるようになったならすかさず褒めること**です。

第一志望に合格した〝まなえさん〟は、受験が終わってこんなふうに言っていました。「お母さんは偏差値が落ちても何も言わなかった。いつも『苦手だった水溶液の問題ができるようになってすごいね』というふうに、できたことを褒めてくれた。だから成績が落ちても、そんなに気持ちは落ち込まなかったよ」

見るべきは偏差値よりも「正答率」。そして苦手分野、得意分野のチェックが必要であるということを覚えておいてください。

よく模試の結果が悪いと子どもを厳しく叱る親がいますが、**結果について叱るのは絶対**

にやめてほしいものです。たとえば、成績が落ちたのは学校行事が多くて十分に勉強できなかったからかもしれません。それなら次回は時間の使い方を改めればいいのです。また、今回はサボってしまって成績が振るわなかったのなら、そこを反省して次に生かせばいいのです。いずれにせよ、次回の好転材料にすればいいだけです。**思わしくない結果や志望校判定を見て、「これじゃあ、受かりっこない！」などと平気で口にする親御さんもいますが、そんなことを言っても成績は伸びません。**

模試の度に、子どもを厳しく叱っていたお母さんがいました。その子は、お母さんに叱られたくない一心で努力をしていましたが、模試の度におなかが痛くなったり、体調を崩したりしていました。それほど緊張していたのです。そのお母さんには何度も注意をしたのですが、一向に改善されず、本番を迎えてしまいました。その子は入試でも叱られる恐怖からかずっと調子が上がらず、希望の学校には受かることができませんでした。**「模試で冷静になるべきなのは、むしろ親」**という場合は、非常に多いのです。

そもそも一般的な模試というのは、志望校の過去問ではありませんから、その合否判定は万能ではありません。参考にする程度でいいのです。模試と本番の試験は出題範囲、傾向、分量、形式、制限時間など、あらゆる面で異なります。また模試は、すべての実施回数を通じて中学受験に必要な単元を網羅するように作られています。入試問題とはそもそも作られ方が違うのです。

では、模試はなんの役に立つのか。**一つには本番の練習**です。緊張しがちなお子さんには、場慣れが必要です。ですから、あがり症のお子さんは多めに模試を受験するといいでしょう。最初は緊張して実力が発揮できなかった子でも、何度も受験していると、試験の環境にも慣れてきて緊張しなくなってくるものです。また、緊張しやすい子には、第一志望校の前に受ける事前入試（千葉、埼玉、地方入試）もおすすめです。事前入試では、本命でない子も多く受けるため、大勢の受験生が集まります。しかも本物の入試です。そのような雰囲気を経験しておくのは、非常に有益です。

▼個別指導なら、模試の復習をお願いできる

では、具体的にどのように模試の復習をしていけばよいのでしょうか。それにも、「正答率」を使います。

たとえば上位の付属校（偏差値60以上）を目指すのであれば、40％以上の正答率がある問題は確実に正解したいところです。ですから40％以上の問題はしっかり復習しておきます。中位の付属校（偏差値50以上）であっても、50％以上の正答率の問題はおさえておきます。

まだ受験勉強をスタートしたばかりで正答率が低いなら、正答率70％以上の問題だけを

復習しましょう。正答率の低い問題（難しい問題）にいたずらに時間を使っても、効率が悪いからです。**計算の5点も、難問の5点も、同じ5点。**しかし、すぐに結果につながるのは、計算の5点のほうですよね。**正答率が高く、お子さんの復習が生きる問題に絞って解き直しをしましょう。**

個別指導の良いところは、先生に模試の復習を依頼できるところです。集団塾ではそうはいきませんし、親が手伝うにしても、そもそも中学受験の算数や理科は、大人でもなかなか解答できるものではありません。

ある親御さんは模試が終わると先生に「正答率50％以上の問題だけやり直しをお願いします」「平面図形の問題だけ解き直しをお願いします」と依頼をしていたといいます。こうすることで、模試であぶり出された苦手分野を、しっかりと潰していくことができたのです。

せっかく受けた模試を「受けっぱなし」にしない工夫が、親に求められることです。

模試は本番の練習になります。できれば5年生ごろから定期的に受けて、本番のシミュレーションをしておきましょう。また、志望校が会場になっている模試があるなら、それこそ本番のまたとない予行演習になります。人気の学校での開催枠はすぐに埋まってしまいますので、スケジュールはよく確認しておきましょう。

5

「偏差値60以上」は、かなり高い壁であると知っておく

皆さんが希望するお子さんの学校、偏差値60以上ではありませんか？　きっとそうだと思います。しなくてもいい中学受験を、莫大な費用をかけてする以上、いい学校に行ってもらいたいと思うのは当然です。しかし、**この偏差値60、かなり高い壁だということを、親御さんは知っておいたほうがいい**のです。

▼「偏差値60未満の学校だったら、公立中学に行かせる」という残念な親

偏差値60以上というのは、中学受験生総数から考えると、その占有率は**15・87％**。つまり、**中学受験生の１００人中約16人しか偏差値60以上を取れない**、ということです。ちなみに偏差値70は、全体の２・28％。１００人中２人です。

ではちょうど真ん中、１００人中50人が入る偏差値50はどうでしょうか。これも実はす

ごいのです。なぜならこの「真ん中」の偏差値でさえ、「中学受験生だけ」のもの。中学受験をするのは、小学6年生全体の20・2%と言われていますので**約5人に1人だけが中学受験する。**つまりあえて受験する、勉強する子どもたちのなかでの真ん中ですから、偏差値50も立派な成績なのです。

よく、**「偏差値60より下の学校だったら、公立中学に行かせます」**などと言う親御さん**がいますが、これは本当にもったいない。**

少子化の現在、学校は生き残りのために、様々な努力をしています。このような学校の中には、入学時の偏差値よりずっと上の大学に送り出すところも多いですし、付属校であれば、中高大の10年間という時間の余裕の中で、心身ともにお子さんを育て上げてくれる学校が多くあります。偏差値60未満の学校にも素晴らしい学校はたくさんあります。

ですからお子さんの偏差値が50を切っていたとしても、それほど慌てる必要はありません（その模試がサピックスオープンだとしたらなおさらです！）。**中学受験の偏差値というのは、トップ層だけを取り出した中での偏差値である。**

そのことは、がんばっているお子さんのためにも忘れないようにしてください。

第6章

大学付属校受験のための「過去問」対策

1

模試の合格率判定が悪くても「過去問」と相性がよければ受かる！

「模試の判定での合格率はいつも30％程度なのですが、過去問の正答率は80％です。どちらを信用すればいいですか？」。6年生の親御さんからよくいただく質問です。

答えは、もちろん過去問です。**目指しているのが付属校で、受けている模試が首都圏模試センターの「合判模試」以外であれば、なおさら、過去問の出来を信用すべき**です。

お話ししてきたように、日能研の「全国公開模試」、四谷大塚の「合不合判定テスト」、SAPIXの「合格力判定サピックスオープン」はいずれも、難関校向けの出題傾向で、付属校の判定に向いていないからです。ですから、信じるとすれば過去問のほうなのです。

実は**過去問との相性は、非常に重要**です。

模試で偏差値が届いていなくても、過去問との相性がよかったために合格した子は大勢います。もちろん逆もしかりです。模試の偏差値や合格率が高く出ていても、しっかりと志望校対策をしなかったために、不合格になってしまうこともももちろんあります。

▼志望校対策をすれば、合格率判定30％でも逆転合格できる

では、志望校対策とは、どのようなことをすればいいのでしょうか。ここで最初に、志望校対策についてご説明しておきます。あたりまえのようですが、**志望校対策とは、「志望校の入試問題に合わせた勉強をすること」です。過去問演習がその軸となります。**しかし、過去問演習を単にするだけでは、その効果は期待できません。「できた！」「できなかった！」で終わりにしてしまっては、意味がないからです。

では何をすべきなのでしょうか？　**それは「出題傾向を知ること」に尽きます。**付属校と進学校で大きく出題傾向が違うだけでなく、もちろん付属校の中でも1校1校出題傾向は違います。「早稲田系」と「慶應系」の出題傾向が全く違うばかりでなく、早稲田系の中でもその傾向は違います。

たとえば大雑把に分ければ、**早稲田系は「じっくり思考型」**の解答を求められますが、**慶應系は「即断即決型」**の解答を求められます。さらに早稲田系の中では、早大学院では「論理的思考」が求められるのに対し、早稲田中学校ではじっくり深く考える思考力が求められます。慶應系でも、慶應普通部と慶應中等部では出題傾向が違います。慶應普通部では処理能力の高さと確実さが求められます。慶應中等部では平易な問題が多いなかで満

点を取るくらいの確実さが要求されます。

このように各校ごとに出題傾向は異なります。本書では巻末の「大学付属校　完璧ファイル」で、各校の出題傾向を示しているので参考にしてください。

毎年私たちの塾では、**模試での合格率判定が30%だった生徒が、志望校への「逆転合格」を果たしています。**これは一見「逆転」に見えるのですが、決してそうではありません。「逆転合格」を果たしている子どもたちは、**模試対策ではなく、しっかりと志望校対策をしている**のです。

いくら模試で合格率80%以上を出していても、志望校対策を怠れば、合格はできません。一方、模試でいい点を取ることができなくても、志望校対策を効果的に実施していれば、合格できるのです。

しかし多くの塾では、いろいろな理由をつけてなかなか過去問をやらせません。よく言われるのが、「いまの段階で過去問をやらせてしまうと、自信を失ってしまうから」という理由です。しかしそれは本当の理由ではありません。

大手塾では、様々な志望校の生徒がいるため授業中に過去問は扱えませんし、通常カリキュラムを消化しないといけないため、時間がないのです。また、過去問で得点できないと退塾してしまう生徒が出てきます。これらの理由で、過去問を扱いたがらないのです。

また宿題が多く、授業も増えるため、家庭学習でも過去問を扱う時間はありません。

親御さんは塾の言うことを鵜呑みにしてしまう傾向がありますから、塾からそう言われればそのまま信じてしまいます。また「志望校別コース」に所属していれば、志望校対策は万全と安心してしまうのです。しかし**これでは、正直「手遅れ」になってしまいます。**

▼目標は、塾の成績を上げることではなく、入試で合格すること

親御さんには何度もお伝えしていますが、塾の成績を上げること、塾のクラスを上げることは、志望校合格への近道では決してありません。しかし誤解している方が多いために、子どもも必死で塾のクラスを上げようとがんばります。クラスが上がれば、親御さんが喜んでくれるから当然です。そしてこの**「塾のテスト対策」に時間を取られて、肝心な志望校対策がおざなりに**なってしまいます。これでは、合格はおぼつきません。

6年生は特に、限られた時間を有効に使わなければなりません。そしてそれを「塾のクラスを上げるため」に使ってはならないのです。

これまで、合格する実力があるにもかかわらず、志望校対策が手薄なために夢がかなわなかった生徒をたくさん見てきました。皆さんのお子さんがそういったことにならないためにも、**過去問はできるだけ早くスタートさせてください。**

2

過去問は、「なるべく早く」「繰り返しやる」のが正解

過去問は志望校対策の核となります。ですから早慶維新塾では、小6になる前から志望校の過去問を見せるようにしています。当然ですが、すべてのカリキュラムが終了していない段階で過去問を解かせても、正解することはできません。しかし、それでもいいのです。**目的は「自分の志望校が求めているものを知ること」です。**誤解を恐れずに言えば、解けるか解けないかは関係ないのです。まずはゴールを把握しないといけません。

▼敵を知らずに戦うことはできない

4年生、5年生の時点で過去問を解いてみることで、「受験のときには、この入試問題を解けるようにならなければいけない」ということが明確になります。すると**逆算ができるようになります。**しなければならない学習が見えてくるようになります。

敵を知らずに戦うことはできません。同じように、入試問題を知らずに、受験勉強をす

ることはできないのです。志望校の過去問には早くから取り組んでおいて、損はありません。そして6年生になったら、どんどん解かせるべきなのです。

志望校の過去問を繰り返し何年分も解くことで、学校側の意図、つまり出題傾向が見えてきます。また、その出題に慣れるようになります。解答形式に慣れておくことは、とても大切です。

たとえば慶應中等部の理科は、ほとんどが選択肢で解答する形式ですが、SFCは例年記述問題が複数出題されています。特にこの記述問題は、SFCが求めている解答をする必要があり、そのための練習をしないと書けるようにはなりません。**ただ解いて、マルつけして終わりでは、効果はない**のです。

▼同じ過去問を解いて、意味があるのか？

もちろん、本番の入試で、同じ問題が出題されることはありません。しかし、過去問の複数回演習に意味はないのかといえば、そんなことはありません。問題量や解答形式には慣れが必要ですし、頻出分野は繰り返し解いておくことで、感覚がつかめるようになります。**1回目で気がつかなかったことに2回目で気づいたなんてこともしょっちゅう**です。

もし、頻出分野に苦手が見つかれば、その問題がすんなり解けるようになるまで、練習を

過去問の基本的なやり方

① 時間を5分短くしてテスト演習。

↓

② 採点をし、反省点を書き出す。

↓

③ 得点しなければならない問題と、
そうでない問題を色分けし、解き直す。

↓

④ 期間をあけて再テストを行う。

繰り返さねばなりません。

同じ時間制限の中で、似たような過去問をなんども解いておくと、頭だけでなく体が問題形式に慣れてきます。付属校は基本問題を確実に得点する入試ですから、このような小さな慣れの違いが、合否を分けることになるのです。

ここで過去問の基本的な演習方法を上に表にして整理しておきました。

③の問題の色分けは塾の担当の先生や家庭教師の先生にお願いするといいでしょう。

実際に多くの付属校の学校説明会で、「過去問をしっかり解いてきてください」という説明があります。なぜならそれが一番の入試対策になるからです。

早慶維新塾の80％を超える早慶付属校への進学率は、計画的に過去問を中心とした志望校対策を行っているからにほかなりません。徹底して入試問題の分析をし、ひとりひとりに合った志望校対策をしています。

過去問対策、つまり志望校対策は、受験勉強の要です。間違ってもこれをおろそかにしてはなりません。

▼志望校の出題傾向をつかみ、戦略を立てる

また、**基本的に中学受験は総合得点での勝負ですから、苦手な科目がどうしても伸びないなら、得意な科目で底上げする**などの戦略も、早めに過去問に取り組むことで立てやすくなります。また苦手な科目でも、過去問を解いてみたら問題との相性がよく自信がついた、などということはよくあります。

合格を勝ち取るためには、志望校の傾向を知り、そのテストに慣れなければなりません。また頻出分野の中で苦手があれば、そこを何度も練習して潰しておかなければなりません。志望校に合格できるかどうかは、実はこの志望校対策が鍵となっているのです。

3

6年の夏は、合格最低点に届かなくて当たり前

夏休みに入り、過去問に本格的に取り組むご家庭も増えてきます。しかし、ここで問題が。ほとんどの生徒が、満足に得点できないのです。「受験まで半年ちょっとしかないのに、これで大丈夫なの!?」と不安になるお気持ちはわかります。

でも、大丈夫です。この時点で合格最低点に届くことは、ほとんどありません。中大附属が第一志望だった〝よしとくん〟は、8月時点で合格最低点に50点も足りない状態でした。よしとくんは、社会で出題される会話形式の問題が苦手でした。中大附属では会話形式の社会が毎年出題されており、ここ5年以上にわたって「三鷹さんと武蔵くん」コンビが会話を繰り広げています。

合格最低点に届かない状態は数カ月続きましたが、1月には問題形式にもすっかり慣れて、合格最低点にコンスタントに到達できるようになりました。**過去問演習を繰り返し、会話形式の問題に慣れたからこその結果です。**よしとくんが受けた年も、「三鷹さんと武

蔵くん」が登場してくれたおかげで、「まるで知っている問題が出題されたように感じた」と言うよしとくん。問題形式への慣れが、合格に直結したうれしい事例です。

6年生は、最後の2カ月、1カ月でグンと成長します。ですから、夏や秋であせってはいけません。夏や秋は「何が足りないか」をしっかり本人が把握するときです。そこから苦手な単元を潰したり、よしとくんのように問題形式に慣れるための演習を増やしたりするなどの本格的な志望校対策をしっかり行っていけば、問題はないのです。さきほど「敵を知る」と言いましたが、「入試問題を知り、仲良くなる」というイメージですね。

▼同じ知識でも、付属校と進学校とでは問われ方が違う

お話ししてきたように、同じ知識でも付属校と進学校では問われ方が違います。付属校では基本的な問われ方が、進学校では発展的な問われ方がされるということを、実際の入試問題で見てみましょう。たとえば、次のページであげているように、同じ「火山」の知識を問う問題でも、付属校の立教新座は、そのほとんどが教科書レベルの知識を問うだけのものでした。一方、中堅進学校の城北では、文章読解力、思考力が求められています。

ちなみに、答えは、立教新座（2018年）の最初の問題は「溶岩」、次の問題は(ア)です。城北（2019年）の問題は、①おだやか　②多い　③弱い　④にくい　です。

大学付属校

立教新座　理科（2018年）の設問（一部抜粋）

■下線部Cについて、火山が噴火したときに流れ出たマグマを何と言いますか。

■下線部Dについて、玄武岩の特徴として適切なものを、次の（ア）～（エ）から選び、記号で答えなさい。

（ア）流紋岩と同じように、地表付近などで急に冷えて固まった
（イ）花崗岩と同じように、地表付近などで急に冷えて固まった
（ウ）流紋岩と同じように、地下の深いところでゆっくり冷えて固まった
（エ）花崗岩と同じように、地下の深いところでゆっくり冷えて固まった

進学校

城北　理科（2019年）の設問（一部抜粋）

■つぎの文は噴火について説明したものです。文中の［　①　］～［　④　］にあてはまることばの組合わせとして正しいものを、あとのア～タから1つ選び、記号で答えなさい。

黒っぽい色の火山ほど［　①　］な噴火となるが、同じ期間の噴火の回数は［　②　］。これは、火山のもととなる物質のねばり気が［　③　］ので、地下深くから押し上げてくる圧力をためこみ［　④　］ことが原因である。

（著者注：実際の問題には表がついており、言葉はそれぞれ、［　①　］爆発的・おだやか　［　②　］多い・少ない［　③　］強い・弱い［　④　］やすい・にくい　の組み合わせ（ア～タ）の中から選ぶようになっています。）

4

過去問は1校9年分を1度解くだけでも2カ月以上かかる！

大手塾に子どもを通わせている親御さんが、秋口になって**「過去問を解いてよいと塾で言われたけど、もう過去問を解くのにあてられる時間がない」**とあわてているのをよく耳にします。そうです、過去問の演習をするのには時間がかかります。

たとえば早稲田実業の入試の所要時間は「算数60分、国語60分、社会30分、理科30分」となっています。そして出版されている過去問は9年分です。1年分を解くだけでも、単純に3時間かかります。休憩、丸つけ、解き直し、ノートや類題のチェックなどをしていると、土日のどちらかに1年分ができたらいいほうです。すると、9年分を1回解くだけでも、2カ月以上はかかります。2回解くなら5カ月近くです。そうなのです。**過去問は非常に時間がかかるのです。**これに第2志望や第3志望校の過去問も入ってくるわけですから、膨大な時間が取られます。

また、夏以降11月の末ごろまで、模試、学校説明会、入試説明会、志望校の文化祭など、週末には様々なイベントが入ってきます。これに加えて、運動会、学芸会など小学校の行事もあります。週末はこれらの行事で埋まることになりますし、模試を受ければその解き直しもしなくてはなりません。実は過去問をゆっくり解ける時間などないのです。

ですから、**過去問を後回しにしすぎると、結局「きちんと解ききれなかった」という状態で、本番に臨むことになってしまいます。**実際に、そういう受験生がほとんどといっていいでしょう。

過去問の対策をしっかりしておけば、模試で偏差値が届いていなくても、本番で、対策ができていない受験生に差をつけることができます。

入塾当時、偏差値が54だった〝あきさん〟は、明大中野八王子が第一志望。偏差値は10足りていませんでした。しかし、6年生の春からしっかりと過去問に取り組み、成蹊中学校と第一志望の明大中野八王子にみごと合格。グレーに赤のチェックが印象的な可愛らしい明大中野八王子の制服を見せに来てくれました。

付属校の受験は過去問対策がキーとなります。過去問対策をしっかりすれば、**偏差値10くらいの差は、覆すことができる**のです。

5 本番直前までには、テストの時間配分を完璧にしておく

本番直前は、同じ過去問を解くにしても、さらに緻密に進める必要があります。**「入試において合否を分けることは何か」ということを念頭に置いて、過去問を解いてほしい**のです。

合格するためには、合格最低点以上の得点をしなければなりませんが、満点を取る必要はありません。満点に近い点数が要求される慶應中等部でも、合格最低点は85点ほどと推測されます。以下に公表されている各学校の合格最低点をおおよその割合に換算した数字を記します。このように**どんな学校でも7割を得点できればほぼ合格できます。**

立教新座　53％　学習院女子　63％　成城学園　男子57％　女子62％　成蹊中学　男子58％　女子66％　中大附属　男子64％　女子64％　早稲田中学　1回69％　2回61％　早稲田実業　男子60％　女子66％　明大中野　66％　東邦大東邦　63％　青山学院　男子

65％　女子68％　法政中学　72％

入試問題には、**ほとんどの受験生が解けない問題が含まれています。**このような難易度の高い問題をムキになって解いていると、時間が足りなくなります。そして時間を割いたあげく間違ってしまったのでは、いくら実力があっても合格点に届きません。

つまり**大切なのは、難問に無駄な時間をかけないこと。**難問に時間をかけて取る5点と、1題あたり3点の易しい問題をすばやくきちんと取ることを比べると、後者の戦略のほうが合格に近づくことができます。毎年受験を終えた生徒の問題用紙を見ていますが、合格した生徒でも、間違えている問題は必ずあるものです。

直前の過去問演習では、このような戦略的な時間配分ができるように意識することが大切です。

▼過去問をどこまで使い倒すかで勝負が決まる！

過去問演習はなるべく本番に近い形で取り組むのも大事です。

入試問題の実物は、説明会などで配布されることもありますし、学校によっては販売されていることもあります。実物を使うことができれば、計算に使えるスペースなどを事前に把握することもできます。また、四谷大塚の「中学入試過去問データベース」(https://www.yotsuyaotsuka.com/chugaku_kakomon/)でも、実際の過去問を見ることができます。印刷もできるので、こちらを利用してもいいでしょう。ただ、全ての学校、全ての科目が掲載されているわけではないので、注意が必要です。

市販されている過去問の問題集を使う場合は、そのままでは解きにくいですから、できれば周りの線が出ないように**本番の大きさにコピーをして使用**してください。

過去問はP．140の表で解説したように、制限時間を決めて（ときには時間を短縮して）、演習をします。**本番の入試と同じタイムテーブルでスタートできれば、ベストです。**なるべく本番に近い環境でできるよう工夫をしてあげてください。終わったら、すぐにマルつけをします。間違えた問題は解き直しをします。しかし、解説を見てそれだけで満足していてはいけません。さらにしなければならないことがあります。解き直しの後にすべきことを次ページの表にまとめました。

まず間違えた問題は、該当する箇所の授業ノートを見返します。P．100でお話ししたようにしっかり授業を聞いて、「後で見たときに、先生の講義を思い出すことができる」よう、**きっちりノートが取れていれば、過去問をやり直す際に「自分専用参考書」になります。**

過去問の「解き直し」の後の3ステップ

① 間違えた問題の単元の「自分のノート」を見返す。
② 間違えた問題と同じ単元の「類題」を解く。
③ 過去問のできた問題も、正解以外の選択肢の意味や使い方などを調べておく。

次にその単元の「類題」を解いてみます。これは一度解いたことがある問題でも構いません。

そして最後に、過去問のできたところも見直しておきます。**「ここはできたからいい」のではなく、過去問という素材を使い倒します。**

たとえば次のような早稲田実業国語（2018年）の「文中に入る最もふさわしい言葉を選ぶ」問題。

ア　見限る　　イ　見くびる　　ウ　見定める　　エ　見付かる
オ　見逃す

正解となる答え以外にも、他の選択肢がどのような意味を持っているか、わからなければ調べておきます。また、それらがどのようなときに使われるかも考えます。

ここまで過去問を使いきれたら、次の年度へ移ります。

第7章

得点力が一気にアップ！科目別「10の攻略法」

1

算数

「計算力」は筋力。毎日行うのが成績アップへの近道

お子さんの解答用紙を見ていると、「もったいない！」と思うことはありませんか？難しい問題は解けているのに、単純な計算問題を落としていることはよくあります。ここでは**算数での「もったいないミス」を防ぐにはどうしたらよいか**をお伝えします。

まずは計算。計算はとにかく毎日することです。筋トレと同じです。マラソンランナーにも短距離走者にも、適切な筋肉が必要なように、算数には「計算力」という筋肉が必要です。これは一朝一夕でつくものではありませんから、毎日続けることが何よりの近道です。１日20分を目安に行います。朝起きて、学校に行く前にできたらいいですね。答え合わせと直しを含めて、30分。ぜひその時間を確保してください。

計算練習が習慣化できたら、次のステップへ。**タイマーを使って時間を短くしていきます**。10分で終わらせていた量を、７分で、５分でと区切っていくと、計算が速く正確になると同時に、集中力も養われます。

2

算数▼ケアレスミスの原因は3種類しかない

算数のケアレスミスでよくあるのが「写し間違い」と、解けているのに「質問と違う解答をしている」こと。

まず「写し間違い」の原因は2種類あります。

・余白に計算する際に、問題の数字を写し間違える
・答えを出した後、答案用紙へ答えを写し間違える

これはノートをごちゃごちゃに取っていたり、余白を十分に使わず、小さな文字で計算している子に多く見られます。また、お子さんのノートはチェックしても、余白を使っての計算までチェックしている親御さんは少ないはずです。しかしここに、落とし穴があるのです。お子さんのノートの使い方だけでなく、**問題集や過去問を解く際、余白をきちん**

と使っているか見てみましょう。

次に、「質問されていることと違う解答をしてしまう」ケースの原因は一つ。

これは、

「そもそも問題文を読んでいない」

のが理由です。

文章題が苦手という子は、問題文を正しく読まずに、全く見当違いの答えを出したり、問題文を最後まで読まずに見切り発車で問題を解いているのです。

- **丁寧に最後まで読む**
- **数字や条件には線や印をつける**
- **与えられた図に、問題文にある内容をすぐに書き込む**

これらを徹底して練習します。

計算力を上げるのにはある程度、時間が必要ですが、これらのケアレスミスは本人が自覚すれば、すぐに結果に表れます。自分が写し間違いをしていることや、文章を読んでいないということ。これに気づくきっかけを与えるだけでも、大きな違いとなるはずです。

3

算数

ラスト1カ月の「平面図形」トレーニングが合否を分ける！

算数での1問が、合否に直結することがあります。それは、多くの学校において1問あたりの得点が高いからです。学校にもよりますが、理科・社会よりも、算数・国語の配点が高いことが多いのです。

例えば立教系を見てみると、いずれも算数・国語の配点が高いことがわかります。

立教池袋	算数・国語　１００点	理科・社会　50点
立教新座	算数・国語　１００点	理科・社会　50点
立教女学院	算数・国語　90点	理科・社会　60点
香蘭女学校	算数・国語　１００点	理科・社会　50点

問題数にもよりますが、このような学校では、算数の1問が理科や社会の2、3問分に

あたることが多いのです。ですから、**算数の頻出単元を狙って、得点力をアップするのはおすすめ**です。

また、最後の1カ月であっても、集中練習で効果を発揮できる単元があります。それは**「平面図形の問題」**です。

平面図形の問題は、ほとんどの学校で出題されています。そして、基礎知識・公式・解き方のパターンを理解し、トレーニングすれば得点できる単元です。毎日1～2題は必ず、過去問を含めた類題でトレーニングを行いましょう。間違った問題は、必ず解き直しをしてください。

最終的には、受験する学校の傾向を確認する必要はありますが、平面図形は概して頻出の単元です。**必ず出題される算数の単元を、完璧に得点できるように仕上げることは、直前の得点力アップに効いてくる**ものです。

4
算数
▼
苦手な子が多い「時間の計算」も慣れれば大丈夫！

考え方も計算も合っていたのに、最後の単位換算で間違えてしまう子は多くいます。特に**多くの子が苦手としているのが、時間の単位換算**です。

たとえば「速さ」の問題で、「何時間何分ですか？」と聞かれることがあります。そのような問いに「1.5時間」などと答えてしまうのです。「何時間何分と聞かれているよ」と伝えても、「そうか、じゃあ1時間5分だね」と。時計を使い慣れた大人にとってはピンとこないかもしれませんが、「10集まったら繰り上がり」の十進法になじんだ小学生にとって、60で位が変わるというのはとても難しいのです。1.5時間を問題の要求する「1時間30分」に換算できるようになるには、時間の単位換算に慣れなければなりません。

時間から分、分から秒、またその逆、小数パターンと分数パターンなど、クイズをするような感覚で、換算できるようにしておきましょう。親御さんも「まさか時計の換算ができない」とは思っていないので、見落としがちなところです。**速さの問題は頻出単元。**時間の単位換算までを含めてのチェックが必要です。

ご家庭でも意識的に、「じゃあ、1・5時間後にご飯ね」などという会話を交わすようにしておくと、時計の概念が身につきやすくなります。

▼付属校の入試問題に「数学」は必要ない

ちなみに、偏差値上位の進学校の入試問題の傾向を見ていくと、数学の解法を使いたくなるときがあります。数学で教えると、苦労しないで正解にたどり着けるからです。そのため、大手進学塾では「数学」を使って指導している講師もいます。「数学の知識を知っていて当たり前」という出題もありますから、教えざるをえない感もあると思います。

一方、最近の偏差値上位の付属校には、難しい問題も目につきますが、「数学で解いてね」というメッセージは感じ取れません。数学に比べ回りくどい解き方になりますが、算数の範囲で解けない出題はないのです。回りくどく考えて解く過程が本来、算数で培われるべきひらめき、発想力であり、この部分を使わないと後々の成長過程で、創造力が育ちにくくなるからです。結論として、付属校には「数学は必要ない」ということ。ここでも大学受験を前提としていない付属校の入試問題の目的が見えてきます。

5

国語▼物語文の出題の7割は「気持ちを問うもの」だとおさえておく

中学受験の国語では、**基本的に「物語文」と「説明文」の二つが出題**されます。

物語文において、その設問の7割は「登場人物の心情把握（気持ち）」です。

慶應義塾普通部（2020年）の物語文の出題を分析すると、11問中なんと8問が「心情把握問題」、つまり気持ちを問うものでした。また2問は「情景把握問題」といって、情景を把握することで間接的に心情を読み取る設問でした。この中から、典型的な「心情把握問題」をお見せしておきましょう。

読んでいただけるとわかるのですが、どれも見事に登場人物の「気持ち」を問うものになっています。

つまり**物語文が出たら、何よりも気持ちを想像しながら読むことが大事だ**ということです。

大学付属校

慶應普通部　国語（2020年）の設問（一部抜粋）

（物語文は、朝倉かすみ『ぼくは朝日』より）

■あくる日、富樫くんにもそのように教えた　とありますが、本文中の表現から、相手は富樫くん以外でもよかったことがわかります。その表現を十七字で探し、始めと終わりの四字をそれぞれ抜き出しなさい。

■家で言いそこねた言葉だった　とありますが、言いそこねた理由としてあてはまらないものを一つ選び、記号で答えなさい。

ア　誕生日よりもカラーテレビが優先されているようでくやしかったから。
イ　クラスの半数が持っているのでわざわざ喜ぶほどでもなかったから。
ウ　嬉しさを押しつけるような大人たちに対して素直になれなかったから。
エ　カラーテレビくらいで大騒ぎするのは子どもっぽいと感じたから。
オ　本当は嬉しいのだがみんなから聞かれて照れくさくなったから。

■なんもだ　とはここでは「たいしたことない」という意味で使われています。朝日がこのように言ったのはなぜですか。最も適切なものを選び、記号で答えなさい。

ア　ひたすらほめてくれるのが見えすいたお世辞に思えていやだったから。
イ　誕生日プレゼントがカラーテレビでごまかされそうだったから。
ウ　買ってもらった磁石は期待よりも威力が弱く少し不満が残ったから。
エ　何度も感心されているうちに自慢しているようで気がとがめたから。
オ　本当は安くしてもらったのにあまり喜びすぎるとかっこうが悪いから。

■「ケーキもあるでよ」とありますが、このように朝日の気持ちが変化するまでの経過を述べた部分を探し、その始めと終わりの四字をそれぞれ抜き出しなさい。

■富樫くんはテレビに目を向けたまま、へっぴり腰でソファに近づき、おそるおそる腰を下ろした　とありますが、朝日の家に入ってから富樫くんの行動からどのような様子が読み取れますか。三十字以内で書きなさい。

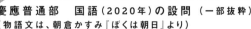

6

国語
▼
説明文の出題は「言い換え」と「説明」をおさえれば合格！

説明文が出たら、その設問の7割は「言い換え」か「説明」です。なお、**「言い換え」は、同じ内容の比較的短い言葉を抜き出したり、選択肢を選ばせる問題が典型的**です。また**「説明」は、その内容を詳しく説明する問題**です。「三十字以内で説明しなさい」など、比較的長い文章で答えさせる場合が多くなっています。

例として、次ページの早稲田佐賀（2020年）の説明文の出題を見てみましょう。8問中7問は、「言い換え」もしくは「説明」に関する出題でした。

説明文というのは何かを説明している文章ですから、読者にわかるように、「具体的に」説明したり、「抽象的に」他の言葉に言い換えたりして、文章が成り立っています。たとえば、「スマートフォン」の説明なら、「携帯電話と情報端末を融合させた『Smart＝賢い』携帯端末。通話やメール、ネット検索など多岐にわたる機能がある」などとなります。そして「言い換え」の問題では、「携帯電話の一種」という解答となります。

大学付属校

早稲田佐賀　国語（2020年）の設問（一部抜粋）
（説明文は、鈴木 透『食の実験場アメリカ』より）

■傍線部①「アメリカン・ブレックファースト」とあるが、西部開拓時代のアメリカの朝食はどのようなものだったのか。五十字以内で解答欄に即して説明せよ。▼**「説明」**

■産業社会へ移行したアメリカの人々にとって、傍線部②「シリアル」と③「炭酸水」は端的に言えばどのようなものであったか、本文中から四字で抜き出して答えよ。▼**「言い換え」**

■傍線部④「モダンなデザイン」とは、どのようなデザインか。最も適当なものを次のア〜オの中から選び、記号で答えよ。

ア　近代的なデザイン　イ　視覚的なデザイン　ウ　客観的なデザイン
エ　古典的なデザイン　オ　芸術的なデザイン

▼**「言い換え」**

■（A）性、（B）性にはそれぞれどのような語が入るか。最も適当なものを次のア〜オの中からそれぞれ一つずつ選び、記号で答えよ。

A……ア　独自　イ　娯楽　ウ　一過　エ　利便　オ　促進
B……ア　確実　イ　嗜好　ウ　安全　エ　可能　オ　呼吸

▼**「言い換え」**

＊▼「説明」「言い換え」は著者が記入。

7

理科

▼

基本知識で得点源になる「天体」分野

①月の満ち欠け

天体は、時事問題と絡めて出題される以外にも頻出の分野です。苦手な子が多い分野なので、できるようになっておくと大きく差をつけることができます。中学入試で問われる天体の問題は、大きく分けて**「月の満ち欠け」「星の運動」「太陽系」**の三つに分類されます。

まず**月の満ち欠けは、基本をしっかり理解し、問題で練習を積めば、得点源とすることができます**。早稲田、慶應で頻出の分野です。

次に示す、八つの月が書かれている図を利用できるようになっておくことです。この図から見る月の形と、月の南中時刻が説明できれば月の問題の8割方はクリアできます。

月の満ち欠けはこの図を完璧に理解する！

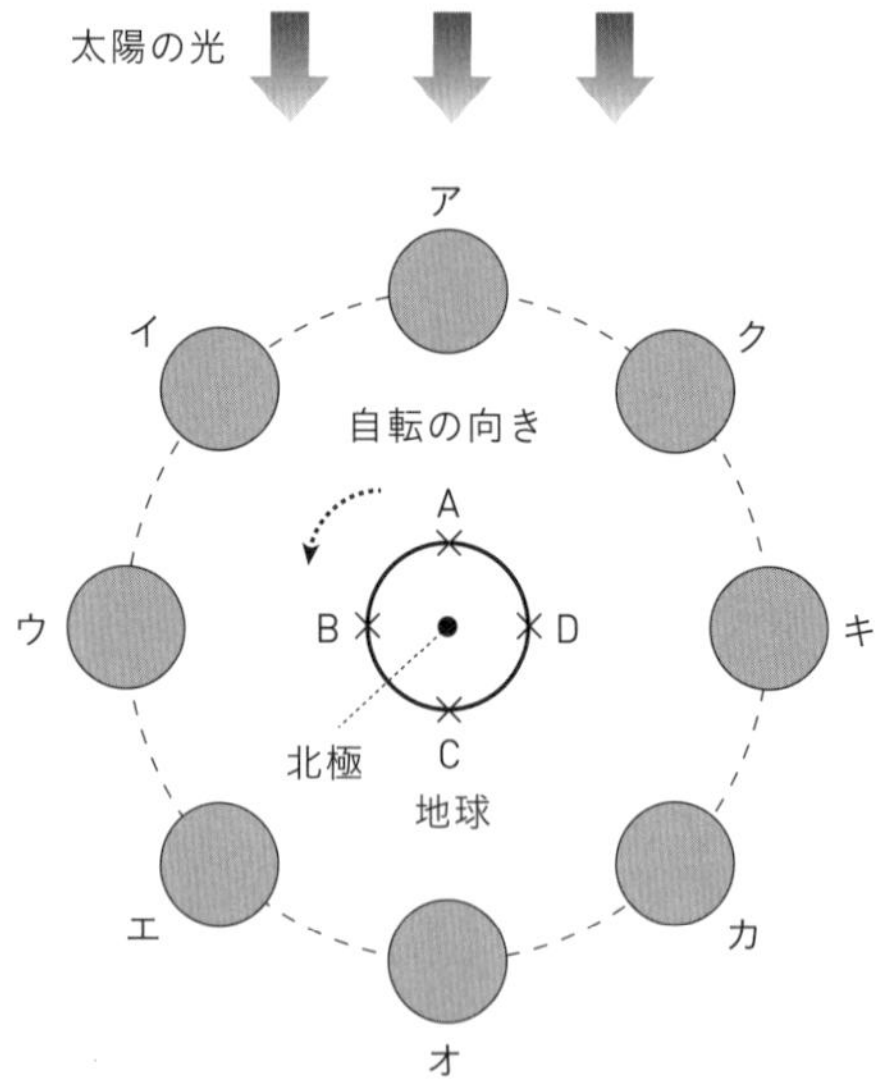

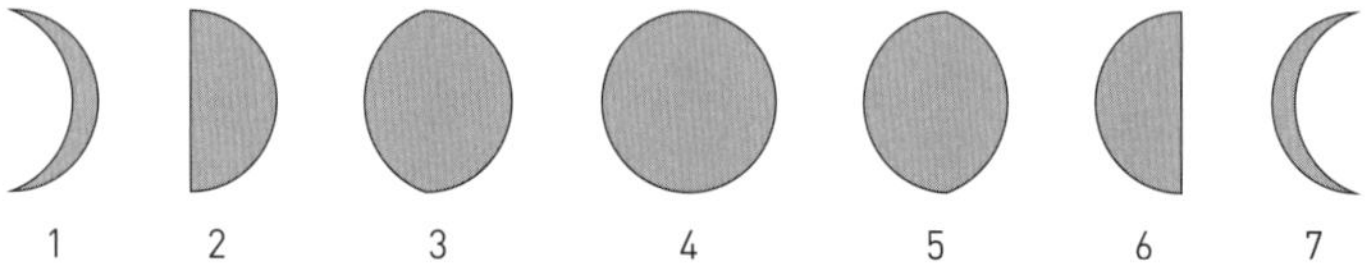

上の八つの月の位置と、そのとき、地球から月がどんな形に見えるか、月の南中時刻がいつかを説明できるようになっておけば、月の問題は8割方クリアできる。形は、ア→新月　イ→1　ウ→2　エ→3　オ→4　カ→5　キ→6　ク→7となる。

8

理科
▼

基本知識で得点源になる「天体」分野

②星と太陽

星と太陽も頻出分野です。2020年の慶應中等部でも出題がありました。大切なのは「星（星座）の名前」と「日周運動と年周運動」です。まず「星（星座）の名前」は、「夏、冬、北の空」を必ず覚えるようにします。

夏の星座

・デネブ（はくちょう座、白色）
・ベガ（こと座、白色）
・アルタイル（わし座、白色）
・アンタレス（さそり座、赤色）

冬の星座

・ベテルギウス（オリオン座、赤色）
・リゲル（オリオン座、青白色）
・シリウス（おおいぬ座、白色）
・プロキオン（こいぬ座、黄色）

北の空

・北極星（2等星、こぐま座）
・北斗七星（おおぐま座）
・カシオペヤ座

次に、覚えておきたいのが、以下の内容です。

・夏の大三角の配置
・冬の大三角の配置
・北極星の見つけ方（北斗七星を使う、カシオペヤ座を使う）

・星の色と表面温度の関係

また、「日周運動と年周運動」を苦手にしている生徒は、**「1時間に15度」「1日に4度」「反時計回り」「東から西」「地球の自転」「地球の公転」**などの知識が、点でしか理解できていません。まず、日周運動の原因である「地球の自転」と年周運動の原因である「地球の公転」について復習します。「星が動いて見える仕組み」を理解することが大切です。

▼太陽系は八つの惑星をチェック

八つの惑星について、以下のような内容をおさえておきましょう。

・太陽に近い順から漢字で書ける。図や写真を見て、区別がつけられる
・ガリレオ・ガリレイが見つけた木星の四つの衛星の名前（イオ、エウロパ、ガニメデ、カリスト）
・金星など、満ち欠けをする天体
・明けの明星と宵の明星の違い
・望遠鏡で見たときの形
・火星の周期の計算のような計算問題の練習

9 社会▼日々の生活の中で気をつける10のこと

付属校の社会は、日常生活の過ごし方がポイント。たとえば次の10項目です。

①ニュースを見て、日本や世界の情勢、ビジネス用語を知る。
②カレンダーを毎日見て、祝日や二十四節気・五節句を知る。
③新幹線に乗って、車窓から見える景色を目に焼きつける。
④スーパーマーケットに行って、野菜や果物の産地を知る。
⑤初詣やお墓参りなど、日本の伝統行事を体験する。
⑥おじいちゃんおばあちゃんの家に行くなどして、日本家屋を見る。
⑦お手伝いを通して、正しい和食の配膳方法・テーブルマナーを学ぶ。
⑧紙幣の図柄を知るために、現金でモノを買う。
⑨旅行に行って、その土地の郷土料理を食べる。
⑩その日に学んだことをお父さんお母さんに説明する。

10

時事問題 ▼ テレビを見て息抜きしながら攻略

　テレビは**息抜きをしつつ勉強もできる、非常に優秀な受験の味方**です。特に時事問題が出やすいのは早稲田、慶應、青山学院、明治の付属校。入試直前に、「今年の重大ニュース」のような冊子を読んだところで、頭に入る知識には限りがあります。それよりも、普段からニュースに接し、コメンテーターの意見を聞きながら、自分の意見を持つようにしておくと、記述などにも対応できます。

「テレビをつけると、ダラダラ見続けてしまって……」というご家庭であれば、**週末にその週のニュースをまとめて見るのもいい**と思います。親御さんがお休みの日なら、「このニュースについて、どう思う？」などと、さりげなく質問をしてもいいですね。そういった親子の対話があると、なおのこと、子どもの頭にそのニュースが残ります。

　ドラマも役に立ちます。たとえば近現代を舞台にした朝ドラなどを見ると、当時の生活がどのようなものだったのか、視覚的に捉えることができます。こういった知識は、親子ともに戦争を全く知らない世代である私たちにとっても、戦時中の生活を理解する助けになりますし、そういった背景を知ると、国語や社会で問題を解くときにも役に立ちます。また、感情を捉える練習にもなるのは前述した通りです。

小5の2月に大手塾から転塾してきた〝かずきくん〟。志望校は早大学院（偏差値72）。算数はできていたのですが、国語、特に物語文にかなりの苦手意識がありました。登場人物の心情把握がまったくできなかったのです。国語の偏差値はなんと「32」。そのせいで4科偏差値は「53」まで落ち込んでいました。過去問や類題の徹底だけでなく、このようなドラマを見ての心情把握が効いたのか、滑り込みで入試に間に合いました。

また、理科の時事問題は社会のように分野が多岐にわたっているわけではないので、比較的問題予想がしやすく、**「ノーベル賞」「天体」「自然災害・異常気象」などが頻出**です。入試問題は、前年の11月ごろまでには作成が終わるので、たとえば**2021年の入試であれば、2019年11月から2020年11月までに起こったこれらのニュースについては、詳しく目を通しておく**とよいでしょう。テレビは賢く番組を選べば、お子さんの知識を大幅に増やしてくれますし、自分の意見をもったり、感情を推測したりするトレーニングにもなります。しかも楽しい！　ぜひ上手に取り入れてください。

第8章

志望校と併願校はこう選ぶ！

1

大学付属校と進学校の併願は共倒れの危険性

この章では志望校を決めるときに注意する現実的なポイントや、実際の受験校を決めるときに気をつけるべき点などをご説明していきます。

まず、私は基本的には、付属校と進学校の併願は避けるべきだと考えています。ですから、第一志望が付属校であれば、第二、第三志望以降も付属校でそろえるように生徒たちに伝えています。これまでに詳しくお話ししてきたように、付属校と進学校の入試問題は大きく異なります。そのため、**志望校が付属校と進学校両方になると、生徒への負荷が増えることになるから**です。そのくらい付属校と進学校の出題傾向は異なります。

もちろん、付属校の中でも各学校で出題傾向は異なりますから、同じ慶應を狙うにしても、それぞれに合った対策を立てなければなりません。慶應義塾普通部の問題と慶應義塾中等部の問題は、やはり違うのです。しかし、付属校と進学校が「マラソン」と「短距離走」くらい違うのと比べれば、付属校の間にある違いは、「平坦な東京マラソン」か「アップダウンの多い京都マラソン」かの違いであって、同じマラソンには違いありません。とはいえ、違うレースに出場するためには、それ相応の練習が必要です。

念のためにお話ししておきますが、**大手進学塾で常に安定してトップのクラスにいる数パーセントの「超優秀な生徒」は除外して考えても大丈夫**です。このような生徒たちは、難関進学校と付属校の両方に合格していきます。

しかし、付属校を第一志望校にしており、かつ、成績があまり振るわない生徒（つまり「普通の生徒」）は、**付属校向けと進学校向けの勉強を同時にさせると、共倒れの危険もあります。**「大きなムリ」をさせることになってしまうからです。そのせいでさらに成績が下がり、志望校である付属校の合格から遠のく結果となってしまいます。

また、できることなら、**付属校の中でも、似たような出題傾向の学校や、自分と相性のよい出題傾向の学校を志望校として併願すると、負荷はさらに少なくなる**でしょう。

本章では、大学付属校を志望校、併願校として実際に選ぶときに、気をつけたいポイントについて解説していきます。本書の巻末には、人気の大学付属校の校風や大学進学状況、出題傾向までを分析した「大学付属校　完璧ファイル」をつけていますので、そちらも参考にしながら読んでください。

2

大学付属校の中でも入りやすい「おトク」な学校は？

これまで付属校が進学校よりも対策がしやすく、「普通の子」にとって入りやすいことを説明してきました。とはいっても、「はじめに」で書いたように、「大学入試改革」と「定員数の削減」による近年の大学付属校ブームにより、偏差値は軒並み上昇中であることも事実。「簡単には入れなくなっているんじゃないの？」と思われる方も多いかと思います。

確かに、早慶のトップ校や偏差値が71（男子。女子は73）に達した明大明治など、すでに手が届きにくい学校もありますが（それでも同じ偏差値帯の進学校よりは対策しやすいと断言します）、そのような一部の学校を除いては、まだまだ入りやすい学校はたくさんあります。

例えば**明治狙いの男子であれば明大中野**（偏差値66。以下カッコ内は偏差値）です。偏差値は明大八王子（63）のほうが低いのですが、募集人数が違います。男子校の中野は240名と、八王子の約3倍の人数の男子を取ります。男子であれば明大中野のほうが可能性は高いと思われます。

明大中野や立教新座（70）は、ある程度の基礎があれば、1年の志望校対策で合格を手にできる可能性が非常に高い学校です。私も多くの生徒を合格させてきました。なぜならこれらの学校は志望校対策がしやすく、難関進学校に合格するために必要となる特別な「才能」がいらないからです。普通の子でも対策さえすれば合格できる学校なのです。

実際に、偏差値66の明大中野より、偏差値が一つ落ちる巣鴨や暁星、城北といった進学校のほうがずっと合格は難しい。巣鴨は特に、御三家を受ける子たちが併願校として受ける学校ですから、難関校の一つとなっています。

また、**中央大学附属は偏差値66（男子。女子は67）ですが、後述するように中央大学への推薦を保持したまま他大学の受験が可能**という非常に優遇された条件を持つ学校です。他大学への進学の可能性を捨てたくない場合におすすめです。

▼GMARCH以外のおすすめ付属校

GMARCHからは外れますが、**成蹊**（男子63・女子66）**と成城学園**（男子61・女子63）は、ともにワンキャンパス（成城は幼稚園、成蹊は小学校から大学までひとつのキャンパス）の共学校で、共通点も多く固定ファンの多い学校です。この2校も推薦の資格を保持しつつ他大学への受験が可能です。

成蹊中学校は記述問題が多く難易度は付属校では高めとなっていますが、一方の成城学園中学校は、問題がとても素直で付属校らしい出題が特徴です。

▼関東近県や地方に目を向ければ「おトクな付属校」はたくさんある！

付属校、系属校になって、人気と偏差値が一気に高騰する学校は多いものです。**最近では青山学院浦和ルーテル。**

系属校になることが発表された2019年度の入試では、倍率が一気に40倍以上も跳ね上がり青山の人気を見せつけられました。同じ青山の付属の中でも、女子の偏差値が72の青山学院や65の青山横浜英和と比べれば、浦和ルーテルは偏差値55。青山ブランドが絶対に欲しい、ということであれば大きなチャンスです。現在はまだ、青山学院大学への内部進学の枠は限られていますが、２０３１年度からは希望者全員の進学を目指しています。

立教であれば前述の通り、立教新座です。

埼玉の学校なので、1月受験ということで、2月に本命入試をひかえた都心の子も多く受験するのですが、大方は入学しません。これはどこの埼玉の学校も同じですが、辞退者を見込んで多く合格を出します。問題も立教池袋より素直です。

早稲田は、早稲田佐賀が早稲田に入学できる学校ということで、穴場の学校でした。

私の塾でも、かなり多くの合格者を出し、入学させてきました。しかし、最近では人気が出てきて、偏差値もぐっと上がり、男女ともに70の大台に乗せてきました。とはいえ早稲田トップ3校に比べれば、まだ入りやすく、首都圏の子たちは早稲田大学へと戻ってきます。

ちなみに子どもに中学から地方校で寮生活をさせるのには不安のある親御さんも多いかもしれません。しかし、私のこれまでの経験からいうと、寮生活を始めた子は、親のありがたみを感じてほんの数カ月で大きく人間的に成長しています。そういう意味でも地方の学校で寮生活を送るのは、子どもの一生ものの経験となり、良い選択だと思います。

3

偏差値がまだ「割安」な関西の大学付属校は狙い目！

関西の大学付属校は、全般的にまだまだ非常に「おトク感」があります。関東におけるＧＭＡＲＣＨに該当するのが、関関同立（関西大学・関西学院・同志社・立命館）ですが、これらの付属校を、日能研Ｒ４偏差値で比較してみましょう。比較のため、この項目に限り、首都圏の学校も日能研Ｒ４の偏差値を使っています。

まずは関東から。**学習院中等部**（偏差値53）、**明大明治**（男61、女63）、**青山学院中等部**（男57、女62）、**立教池袋**（56）、**中央大横浜**（男女各57）、**法政大学**（男女各56）と、偏差値の上では軒並み上位校ランクに位置しています。

つぎに関西ですが、**関西大学中等部**（偏差値男女各42）、**関西学院中学部**（男51、女54）、**関西学院千里**（男女各42）、**同志社中学校**（男女各51）、**同志社女子**（42）、**立命館中学校**（男女各42）、**立命館守山**（男39、女40）となっています。

このように関東と比べると、関西の関関同立付属校は、とても割安感があり、入りやすいといえます。全国区でも人気の同志社や立命館の付属校でも偏差値40～50前後で入れるのです。大学が難化している中、この偏差値で関関同立へのパスポートが手に入るのですから、**中学受験でこれらの学校を狙う戦略は、とても賢いと断言できます。**

▼関関同立の割安感もあと２～３年？

また、入試問題の難易度から検証しても、関関同立の問題はかなり易しい傾向で、ほぼ教科書レベルといえます。正直なところ、関西在住で大学付属校を志望している方にとっては、大手進学塾での難関進学校向けの勉強はまったく意味がないといえましょう。

関西でも同様、大学付属校の入試問題に合わせた効率的で、効果的な学習をした方が合格への近道です。

しかし、**このような関関同立の割安感もあと2～3年かもしれません。**関東の大学付属校はすでに、大学の定員厳格化と入試改革の不透明さによる不安から、大きく人気を伸ばしています。そのため、倍率や偏差値も上がってきています。この傾向は関西の付属校にも遅れてやってくるものと考えられます。つまり、関関同立の付属校の割安感もそう長くは続かないものと思います。言い換えれば、今が最後のチャンスかもしれません。

4

国公立など他大学への進学も諦めたくない人は？

大学付属校を志望したいけれども、一方で他大学への進学も諦めたくない、という方も多いと思います。第1章でも説明したように、付属校の中には、内部進学率が低く、多くの子が難関国公立や医学部受験をするような、**進学校的性格を持つ学校**があります。たとえば、早稲田や早稲田佐賀などがそれにあたります。最初から大学受験を視野に入れるならそういった学校を選ぶのも手ですが、早稲田系の学校は他大学を受験するなら、内部推薦の権利を放棄しなければなりません。

多くの学校はこのように、内部推薦を持ちながら外部受験をすることはできませんが、**ある一定の条件であれば、内部推薦を留保したまま、他大学の受験を認めている学校もあります**。法政、法政第二、成城学園、成蹊は推薦を保持したまま他大学受験が可能です。

また、中大附属、中大附属横浜は、「国公立大学と私立大学のうち中央大学に設置されていない学部学科」に限って、中央大学への内部推薦権を留保したまま受験をすることができます。このような制度があれば、たとえば「医歯薬系に」という希望があるのなら、安心して他の大学を受験することができます。明大明治、明大中野、明大八王子も、国公立大学や一部の大学に限って、推薦を保持したままの外部受験を認めています。学習院、学習院女子は合否決定の日程など、ある一定条件に限り推薦権を保持したまま他大学受験が可能です。

関西では関西大学高等部などが国公立大学に限って内部推薦を留保したままの受験を認めています。また、公にはしていないけれど「内部推薦の審査前に結果がわかるAO入試などに限ってOK」としている学校もあります。

「推薦を保持したまま受験できる」という保険があれば、希望の大学に思い切ってチャレンジすることができますし、ダメだった場合でも浪人ということにはなりません。条件は各学校によって違いがありますし、基本的に内部推薦の留保はできないとなっていても、一定の条件のもとで可能な場合もあります。**ホームページに明記されていない学校も多い**ので、気になる学校があれば、直接問い合わせをしてみましょう。

お子さんの進路の安全とチャレンジを同時にかなえることができる、このような受験形態は付属校ならでは。受験校を決める際の大きなポイントになるはずです。

5

大学進学時、希望の学部に行けるのか？

大学で希望学部に進学するためには、それなりの成績をとっておかないといけません。基準は学校によって異なりますが、希望学部への推薦枠が1名しかない場合、自分以外にも希望している生徒がいれば、より高い成績をとっている生徒がその枠を獲得することになります。

現在では早稲田実業も大学への推薦がほぼ100%となっていますが、かつては付属校の早大学院より推薦の点で劣っていました。また、早稲田大学の人気学部への推薦枠も限られていました。

▼ **進学したい学部が決まっているなら その難易度も確認しておく**

系列の大学への進学率を気にされる方は多いものですが、**内部進学した場合に、学部が**

どう決まるのかを知っておくことも重要です。もし「〇〇大学の法学部に行って弁護士になりたい！」といった強い希望があるなら、その学部に行ける可能性がどのくらいなのか、またそれはいつごろ決まるのかを調べておいて損はないでしょう。その学部がかなり狭き門で、行けないとわかったときにはもう他大学受験もできない……ということだってありえます。また絶対、理系に進みたいと思っていたのに、理系学部は一つしかなく、上位層しか行けないという場合もあります。

年度ごとに状況は変わるので、なるべく説明会に足を運んだり、直接質問してみたりするといいでしょう。たとえば最近の明大中野の説明会においては、「以前は明大明治ほど推薦枠を持たなかったが、いまは遜色ない程度で希望の学部への推薦枠を確保している」といったコメントがありました。希望の学部へ行ける生徒が増えているというのは、いいニュースです。

学部への進学は基本的には希望制です。学校がどれくらい大学への枠を持っているかで決まる部分もありますが、学部は成績順で選ぶ場合が多いようです。希望する学部があるなら、内部で良い成績を収めておく必要があります。特に医学部などは競争が激しくなりますから、入念な準備が必要です。

6

医学部に進学しやすい付属校がある

ご存じの通り、大学から医学部や医大に入るのは、難関国立大に入るのと同様の狭き門となっています。早慶GMARCHと関関同立の中でも内部進学で医学部に行けるのは慶應のみ。基本的に医学部志望者は、進学校か進学校的性格を持つ付属校から、大学で医学部受験をするというコースが多いといえます。

しかし、**もう一つの穴場ルートとして、医学部への内部進学が可能な、比較的偏差値の低い付属校に入るという手があります。**

たとえば**東海大の高輪台中等部は、2019年に11名、2018年に12名**が同大学の医学部に推薦で進学しました。同じく**東海大学浦安は、医学部への推薦が2020年で5名、2019年で2名、2018年で6名。**それぞれの中学入試での偏差値は、東海大高輪台も浦安も40台前半です。一般入試で医学部に入学する困難さを考えると、中学入試でこれらの学校に入り、成績上位をキープするという戦略は、悪いものではありません。

東邦大東邦も、医学部への推薦が多い学校です。２０１９年14名、２０１８年15名。そこは男女ともに偏差値73付近のかなりの難関校ではあるのですが、同じ系列とはいえ実態は進学校である駒場東邦と比較すれば、入試問題はそれほど難しくはありません。実際、東邦大東邦の先生は「うちの入試問題でしたら、まず教科書をしっかり勉強して、とにかく過去問を何度も何度も繰り返しやれば合格できる」という言い方をされていました。

関西では、近畿大学附属は、医薬コースの生徒に対して医学部への特別推薦入学試験制度があります（平成23年度入試より授業料減免制度を導入）。

「将来は医学部へ」という意思があるのなら、中学入試で医学部がある大学の付属校を探してみることをおすすめします。意外に低い偏差値で、医学部への推薦枠を持つ学校があるからです。もっとも、医学部に進学できる率は相当限られているので、中高でもがんばって勉強し続けることは必須でしょう。

巻末の「大学付属校　完璧ファイル」にも、医学部への内部進学が比較的多い学校の一部を載せています。もし、将来は医学部にという希望があるなら、選択肢の一つとして考えてみてもよいでしょう。

7

1回しか受験できない学校と、複数回受験できる学校がある

まず受験日について、基本的なお話をしておきます。すでにご存じの方も多くいるとは思いますが、少しだけおつきあいください。

首都圏では、埼玉、千葉、地方の学校の東京会場での入試などは1月にスタートします。**東京、神奈川は、2月の1日、2日、3日がメイン**となります。私立では1日が本命の学校になる子が多いものです。

また1、2日は午後にも試験が組まれます。ですから、1日に2校の受験をこなす子もいるわけです。移動時間も考えるとこれはなかなかハードなことです。

学校によっては、受験日を複数回設けているところもありますが、後ろの日程になるにしたがい、偏差値は上がることが多く、募集人数は減ります。たとえば立教新座では、偏差値は1月入試が70、2月入試が69と大きくは変わりませんが、募集人数は100人から40人と大きく減ります。

早稲田に行きたい、慶應に行きたいといっても、受験日によってチャンスは限られてきます。たとえば**早稲田のトップ3校の受験日は2月1日の同日**です（2020年現在）。早稲田中学だけは2回目の試験があるのですが、1日に難関進学校を受けてきた受験生も参加してくるため受験生のレベルが一気に上がります。さらに募集人数が半減するため非常に難しい。私の周りでも、2回目の日程で合格した子は限られてしまいます。

ただ、早稲田佐賀まで範囲を広げれば、1月受験ができるためチャンスは広がります。早稲田佐賀は、東京やその他の都市でも受験会場を設けています。

私は、**早稲田実業や早稲田中学校を狙う生徒には、1月の早稲田佐賀を必ず受けてもらっています**。なぜなら、早稲田佐賀の入試問題は、早稲田実業や早稲田中学の問題を参考にして作られているからです。2月の本番の試金石にもなります。ちなみに早大学院は、他の早稲田の付属校よりも論理的思考が必要とされる問題が多いため、他の早稲田系の学校とは別の受験対策が必要となります。

▼同じ系列の学校を数校受験できる場合も

早稲田佐賀のように、東京以外に系列の学校がある場合は、同じ系列の学校を複数回受験することが可能です。

立教池袋と立教新座は、ともに男子校ですが、もともとは「立教中学・立教高校」という同じ学校でした。立教高校が新座に移転し中学部をつくり、立教中学が高校を開設したために、立教は1月に埼玉で立教新座、2月に東京で立教池袋の受験が可能になりました。また、立教女学院と香蘭女学校はともに東京で2月に受験日が重なりますが、**香蘭女学校は別の日程で午後受験が設定**されています。

慶應は普通部、SFC（**神奈川**）**、中等部ともに別日程**となっています。つまり女子は普通部を除く2回、男子は3回チャンスがあるということです。

明治、中央、法政、立教、学習院は、ほとんどが複数回受験日を設けているので、同じ系列の学校を複数受験することができます。青山学院は1日だけですが、青山横浜英和（神奈川）が3日間受験日を設定していますから、複数回受験することが可能です。また、青山浦和ルーテルは埼玉ですから、1月となり、さらに2月にも受験日があります。

▼関西は「3科目」受験を選べるのが特徴

関西では、毎年、1月中旬が「統一入試日」となっており、2020年は、1月18日がその日に当たりました。灘や甲陽学院などをはじめとする進学校や関関同立の大学付属校も、その日に入試日を設定しているところが多いです。

ただし、大学付属校は、その前後に、複数回の入試日を設けているところも少なくないので、同じ大学の系列校を複数受験することは可能です。

また、大学付属校に限らず、関西の中学入試全般で特徴的なのは、ほとんどの学校で、4科目受験か3科目受験（国・算・理、まれに英語も）かを選べるということ。場合によっては2科目受験を選べるところもあります。

これは灘・甲陽学院などの超難関校が、以前から3科目型の入試を続けてきたため、ここを第一志望としている超トップ層を排除しないためには、3科目受験という選択肢を入れておこうと考える学校が多いからだと考えられます。一般的な学力試験を行わない**「自己推薦入試」を取り入れているところも**あり、首都圏よりもバラエティに富んだ印象です。

前述した通り、関西の大学付属校は首都圏の大学付属校に比べてまだ割安感があり、問題の難易度も低いので、首都圏にも、GMARCH付属校の併願として、関関同立の受験を検討している親御さんが出てきました。また逆に、関西の付属校の受験生で、東京のレベルの実力をつけようと早慶維新塾のオンライン講義を申し込まれる方もいます。

実は、2020年の灘中の受験者数は過去最多だったのですが、これは、関東圏からの受験者が増えたためでした。**今後は、最難関ばかりでなく、大学付属校でも関東から関西に遠征受験する方たちが増えてくる**と思います。

8

出題傾向との「相性」で併願校を決める

前述した通り、進学校と大学付属校は出題傾向が全く違うので、併願すると負荷がかかるためおすすめしません。さらにいえば、付属校の中だけでも、出題傾向の違いがあります。第一志望は行きたい学校を選び、その対策を入念にするとしても、**併願校は第一志望の出題傾向と似ていたり、子どもと相性のいい問題が出るところを選ぶと、あまり負荷をかけずに合格可能性が高まりやすい**ともいえます。

▼問題量・難易度・記述量で相性のいい学校はわかる

巻末の「大学付属校　完璧ファイル」には、各学校の入試傾向の分析を載せています。これは「早慶維新塾」で、各校の過去問数年分をすべて見て、客観的に分析したものです。それぞれの問題の特徴を載せるとともに、全校に共通の軸として、「問題量・難易度・記述量」の相対的な目安が一目でわかるようになっています。

問題量は単位時間あたりの設問数です。どの程度の処理速度が要求されるかがわかります。

難易度は、基本問題と応用問題の割合などを見て判断しています。

また**記述量は、国・社・理の記述問題や、算数の場合は解法や式など**、自分の考えを書かなければならない問題がどの程度あるかを示しています。

高い処理速度を要求されたり、難しい応用問題が出たり、記述量が圧倒的に多かったりする場合、自分がもともと得意ならアドバンテージになりますが、そうでないなら、それ相応の対策が必要となり、負荷がかかります。

たとえば、もともと、じっくり考えて答えを出すタイプの子が、問題量が多くて高い処理能力を必要とされる試験の訓練をするには、それなりに時間も努力も必要になるでしょう。また、記述問題が苦手な子が、第一志望は記述問題が出ないのに、第三志望の学校は記述問題が多いとなると、第三志望だけのために記述対策をしなければならず、あまり効率的とはいえません。

また、**学校によって科目の配点が違う**ことにも注意しましょう。算数・国語が、理科・社会より高い配点となっている学校は多いのですが、慶應普通部のように全ての科目の配点が同じ、という学校もあります。その際に、理社が得意かどうかは大きなポイントになります。

▼出題傾向の似た学校は負荷がかからず得点しやすい

巻末の「大学付属校　完璧ファイル」の出題傾向や配点をざっと見て、子どもと相性がよい、もしくは、第一志望の傾向と似ていて、対策にあまり負荷がかからないと思われる学校などを選んで、実際に過去問をやらせてみてください。意外に点数が取れるのではないでしょうか?

一般的に併願校は偏差値で選ぶことが多いと思いますが、これまで何度もお話ししてきたように、**合否を決めるのは、「偏差値」よりも「過去問ができるかどうか」**です。とはいえ、相性がよいかを知るために全ての学校の過去問を、試しに解いてみるような余裕は現実的にはないと思います。

「大学付属校　完璧ファイル」の傾向分析を参考にして、お子さんと相性がよい学校を知り、志望校や併願校選びの参考にしていただければ幸いです。

9 面接が合否に関わる学校には注意が必要！

面接がある学校は付属校に多いのですが、一般的には、面接で落とされるということは、ほぼありません。基本的には入試後、本人のみの面接が行われます。

しかし、慶應だけは特別です。筆記試験で受かっても、その後にある面接で2分の1に絞られるのです。**慶應の面接は合否を決める重要な要因なのです。**

また、**立教池袋の「第2回入試」は定員が約20名の「国語・算数・自己アピール面接」の入試のため、面接が合否に直結します。**

面接が合否に関わる学校の提出書類は、面接の際の資料になるため、間接的に合否に関わると考えていいでしょう。このような書類は年度によって変更になることがあるので、必ず受験する年の提出書類を確認してください。

他に、「面接を重視している」といわれている学校には、**早大学院（受験生のみのグループ面接）、立教女学院（筆記試験2日前に保護者同伴）**などがあります。それ以外の学校は面接があっても「参考程度」の学校がほとんどです。

▼合否に関わる慶應の面接

前述したように、慶應の面接は、合否に関わります。それぞれ解説していきましょう。

・慶應義塾中等部

1次試験合格者のみ、2日後に面接があります。親子同席の面接です。父・母同席が基本（やむを得ない場合は、一人でも可）です。**中等部は父親への質問が多くなる傾向にあります**。よくある質問は、仕事のことに加え、「最近の中学受験をどう思いますか」「中学受験をお父さんとしてどのようにサポートしてきましたか」など。父親の関わりを見ているようです。

「入学志願書」の中の「自己紹介」は本人が、「志望の理由」は保護者が記入します。

・慶應義塾普通部

1次試験終了後の当日に、本人のみの面接があります。1対1の個人面接ですが、面接官がひとりひとり移動してきて、1人につき1問、質問をする形式です。

「入学志願書」の「志望の理由」は保護者が記入します。

・**慶應義塾湘南藤沢中等部（SFC）**

1次試験合格者のみ、2日後に面接があります。全部で3回あり、最初は本人のみの1対1の個人面接です。その後、面接官が2人となる1対2の個人面接、入れ替わりに父と母が入室し2対2の面接となります。この保護者のみの面接では、子どもにされたのと同じ質問がなされます。**つまり、親子で意思統一が図れているかどうかが見られている**のです。

「入学志願書」の「志望の理由」は保護者が記入します。「活動報告書」も保護者の記入です。こちらには家庭・学校・それ以外での活動を記入します。

慶應に関していえば、もちろん面接を重視してはいるのですが、ある程度は最初の筆記試験で決まっていると思われます。面接の倍率が2倍というのは、半分が落とされるということ。しかし、どう考えても半分もの人が面接で失敗する、とは思えないからです。もちろん1次の筆記試験で合格予定だった受験生でも、面接で失敗すると不合格になります。やはり慶應の面接には慎重に臨まなくてはなりません。

ですから練習は必要です。本人が何もしゃべれなくなってしまうこともありますし、親の失敗もあります。特に、親子で「同じ方向を向いているか」については、しっかりと練習をして発言に食い違いがないようにしておきましょう。

父親は特に気をつけなければなりません。中等部の場合は特に、父親への質問が多い傾向がありますから、母親以上に準備が必要です。母親に受験を丸投げしていると、「中学受験は必ずしもする必要がない」ということをにおわせる発言をしてしまう方もいます。もっとひどい場合は「俺は基本的には、反対なんだけど」などと言ってしまったり。これは就職面接で「本当は働きたくないんですが」と言うのと同じくらいひどいことです。子どもの足を引っ張るということがないように、1次試験の結果が出る前に、家族で練習をしておくことをおすすめします。早慶維新塾では、塾生以外の慶應志望の方にも無料で面接練習を実施し、好評を得ています。

面接の際の服装についても気にされる方が多いので書いておきましょう。

父親は、紺ないし、グレーのスーツに白いシャツなどで、**基本的には清潔感のある装いであれば問題ありません。**母親も、悪目立ちしない落ち着いた色のスーツが最も無難です。コツコツと音のするようなヒールの靴は避けたほうがいいでしょう。子どもに関しては、紺やグレーのブレザーやスーツ、もしくは学校の制服でもよいでしょう。ただし、慶應普通部の場合は、面接の後そのまま体育実技がありますので、体を動かしやすいポロシャツにカーディガンなどがおすすめです。

▼「コネ」はあまり気にしなくていい

慶應を受けるのであれば、福澤諭吉の著書『学問のすすめ』『福翁自伝』くらいは読んでおくといいでしょう。慶應のことを何も知らずに、憧れだけで受験するのは危険です。慶應では、学校の理念をきちんと理解しているか、ただブランドに引き寄せられているだけなのかをしっかりと判別します。志望理由も保護者が記入しますから、このような書籍を読んでおくと、いい形で志望理由を書けるようになります。慶應入塾案内に書いてあることだけを読んで書いても、真意は伝わりませんし、浅い内容のものになってしまいます。

また、**「慶應はコネがないと受からない」とまことしやかに言われていますが、コネは関係ないと断言できます。**というのも、私の周りでも実際に強力なコネがあっても落とされています。まずは学力が面接を受けられるレベルに達していることが重要です。つまり、コネがあって受かった子というのは、なくても受かった子といってもいいかもしれません。コネ云々を気にするよりも、まずは筆記でしっかりした成績をとることが大切です。

10 大学付属校の「お金」事情のリアル

付属校を志望したくても「学費が高そう」というイメージで、躊躇される方がいらっしゃいます。中高6年、大学も入れれば10年かかるのですから、大事なポイントだと思います。

学費の話でよく引き合いに出されるのが、希望すれば早稲田大学に全員進学できる早大学院です。この学校の6年間の費用は合計約710万円。1年に換算すると120万円を切るくらいです。同じ早稲田でも早稲田中高は6年間で約505万円。1年では80万円を下回ります。**付属校とひとくくりにするのではなく、学校によって（同じ系列でも）大きな差がある**ということは、覚えておいたほうがいいでしょう。比較のために、男子御三家のひとつである武蔵の6年間の学費は、約600万円。早稲田中学より高いのです。

また、進学校の生徒や、付属校に行っても大学受験をすると決めた生徒は、塾代や予備校の費用を考えておかなければなりません。大手予備校で週に1回3科目を習えば月額

3万円ほど。5科目を習えば4万〜5万円ほどになります。年にするとだいたい40万〜60万円がプラスされることになります。仮にこれが6年続けば、250万〜350万円を超える金額になります。夏期講習、冬期講習、正月特訓など、オプションが加わると、早大学院の学費を超えてしまうことにもなりかねません。浪人をすれば、さらに100万円ほどの費用がかかります。

ちなみに、**2020年4月から「私立高校授業料実質無償化」がスタート**しました。「実質」というのは、支給される金額が私立高校の授業料の平均を基にしているからです。ですから平均より授業料が高い私立高校では、差額を支払う必要が生じます。この「返還不要の授業料支援」の制度改正により、モデル世帯（両親の一方が働く16歳以上の高校生1人と中学生1人の子どもがいる家庭）においては、世帯年収が約590万円未満だった場合に、年間最大39万6000円の支給を受けることができます。さらに、東京都では、年収910万円までは、最大46万1千円支給されます。つまり、ここに該当するご家庭であれば、私立高校3年間の授業料がほぼ無償になることも多いのです。

▼表に出てこないお金とは？

とはいえ、このような表の数字に出てこない金額があります。それが保護者や子ども同士の「お付き合い」にかかるお金や寄付金です。

「お付き合い」にかかるお金は、肌感覚で申し上げれば、進学校よりもかなり多いと考えておいたほうがいいでしょう。**「夏休みはハワイで集合」**といった話が当たり前に出てくる学校では、お子さんが劣等感を感じてしまうこともあるようです。もちろん、それについていこうとする親が疲弊してしまうこともあります。

この辺りの雰囲気は、同じ系列であっても学校によってかなり違いがありますから、周りに話を聞いたり、学校の説明会や文化祭などに通って、肌で感じておくことをおすすめします。

もう一つ皆さんが気にされるのが寄付金です。寄付金を集めている学校は、それほど多いわけではありません。5割いくかいかないかだと思います。そしてそれはお子さんの進学には、全く関係はありません。**寄付金を払わなかったから、希望の学部に進学できなかった、といった話は聞いたことがありません。**ですから払わないことを気にする必要はないのです。

ただ、任意となっていながら「寄付金の用紙はいつ提出してもらえますか?」などと質問が来る場合もありますので、そのときに動じることがないよう、あらかじめ払うかどうかを決めておくといいかもしれません。

11

併願校には必ず合格できる学校を入れる

特にお父さんに多いのですが、「この偏差値以下の学校には行く価値がないから、落ちたら公立」と言って、**偏差値の高いところばかりで受験校を組み立てる方がいます。**このようなお父さんは、自分の時代と現在との学校評価の差異をわかっていなかったり、「自分は公立から立派に一流大学に入学した」という自負がある方が多いようです。

学校の偏差値の移り変わりは激しく、昔、偏差値の低かった学校が今は超進学校ということはよくあります。豊島岡なども、親御さんが学生のころは上位校のおさえで受けていた方が多かったはずですが、今では女子の押しも押されもせぬトップ進学校です。洗足学園なども同じです。いまや、地域の憧れの学校となっている洗足ですが、30年前にここを進学校と定義する人はいませんでした。このように**学校の評価は移り変わりますから、ご自身が学生のころのイメージを当てはめて考えてはいけない**のです。

▼1校、合格できれば、子どもはその後もがんばれる

偏差値の高い学校だけでの組み立ては、指導する側としては、絶対にやめてほしいやり方です。お子さんは、数年の間、合格を目指して必死で努力しています。その結果「全て不合格」というのは、あまりにもきつい。たとえ行かなくても、どこか1校でも、合格しているのとしていないのとでは、その子の気持ちの持ちようが大きく違ってきます。

おじいさんが通っていた慶應大学に行きたいと、がんばってきた〝ゆまさん〟。残念ながら力及ばず、慶應の付属校はすべて不合格でした。1月に受けた埼玉のある学校には受かったのですが、「もう一度高校でチャレンジしたい」と入学を辞退し、地元の公立中学に進学しました。

受験勉強をしてきたゆまさんは、公立中学では常に10番以内を維持。**高校受験では全ての学校から合格をもらい、みごと慶應女子に進学しました。**「中学受験でちゃんと合格がもらえていたから、まだやれるとがんばれた」と笑顔で話すゆまさん。

大げさな言い方をすれば、合格があるかないかは、その子の将来にも関わります。ぜひ、合格を取れる組み立て方をしてください。

首都圏では6〜7校受験するのが平均的

「何校くらい受験をしたらいいか」というのは、皆さん悩まれるところです。平均的には、6〜7校ですが、あまり数について悩む必要はありません。

付属校が第一志望であるとして、その第一志望を決めた上で、似た出題傾向の付属校を選んでいくことになります。難易度と日程を見ていくと、かなり絞られてくるはずです。もちろん「乗馬部がある学校」など、すでにお子さんに学校選びの基準があるなら、それも加味します。お話ししてきたように目標を持つことは、合格には欠かせない要素だからです。首都圏では埼玉、千葉まで志望校を広げられれば、さらに受ける数を増やすことができますし、2月の本番前の準備にもなります。

そして可能であれば「すべて行きたい」と思える学校で、日程を組むことができればと思います。**私が「滑り止め」という言葉を使わないのは、滑り止めの学校に進学するとなったときの、子どもの気持ちを考えてのこと**です。「滑り止め」ではなく、せめて第5志望などという言い方にしてもらえればと思います。

志望校を決めてからも、子どもの成績は変動します。中学受験は、多くの子どもにとって初めての受験ですから、自信をもって臨める子などほとんどいません。模試の成績に一喜一憂するのは当たり前。不安な気持ちを抱えつつ、なんとか自分を奮い立たせて日々がんばっているのです。

▼ 子どもの合格を絶対的に信じる

お子さんが落ち込んだとき、親御さんの態度は二つに分かれます。一緒に落ち込んでしまう方。子どもを励ます方。前者の親御さんをもったお子さんは、とてもきつい。落ち込むばかりか「このままでは落ちる！」と志望校を変えようとしたり、お子さんを叱り出したりする方もいます。6年生はまだまだ子どもです。このような親の態度に、がんばる力をすっかり奪われてしまうのです。

志望校を決めたら、絶対に変更するなとは言いませんが、少なくとも1回、2回の模試で慌てないよう、親御さんにはどっしり構えていただきたいと思います。

そしてたとえ本番の入試で不合格が続いたとしても、**「あなたならできる」**と、お子さんに言い続けてあげてください。

合格には、自分を信じてくれる人が絶対的に必要なのです。

必死でがんばった中学受験で、「希望の学校に受かった」という事実は、子どものこれからの人生で大きな自信を与えてくれるはずです。どうぞ親子で、その夢をつかんでください。

おわりに ▼「想いは手法の上流にあり」

中学受験は子どもを大きく成長させます。

中学受験を本気でやり遂げた子どもというのは、大人の想像をはるかに超えた成長をしてくれるものです。特に最後の1年間、それまでの数年間を飛び越えるほどの価値ある時間となります。中学受験をする6年生の成長というのは、1年という単位では計れないほど、特別なものです。

それは、私の塾に通う子どもたちも同じです。私のもとに集まるのは、ごく普通の小学生ばかり。どちらかといえば、周りの子たちと比べると幼さが残る子どもたちです。大手塾から転塾してくる子ばかりなので、成績を落とし、クラスを落とし、自信もなくし、うつむき加減で私の前にやってきます。「でも、第一志望校は諦めたくない」。そういう気持ちを持った子がほとんどです。

私は入塾の際に、必ず次のような質問をしています。

「どうして中学受験するの？」

「どうして○○中学に行きたいの？」

「どうして勉強しなければいけないんだろう？」


ほとんどの子は、これらの質問にうまく答えられません。それは「想い」が明確になっていないからです。「第一志望校は諦めたくない」とは思っていても、中学受験をする明確な動機がないのです。この「想い」が明確になっていないと、授業は身につきません。当然知識も入らない。やる気も続かないから、前に進めない。合格できるイメージも湧いてこない。


だから、成績も上がらないのです。

私の塾では、まずこの「想い」を大切しています。

「どうして中学受験をするの？」

この質問を繰り返し問いかけます。子どもが自分の言葉で話せるまで問い続けると、次第に自分の「想い」が明確になってきます。


私の人生の師匠から教えていただいた言葉に次のようなものがあります。

「想いは手法の上流にあり」
この言葉には、実は続きがあります。
「しかしながら手法なき想いは無力である」

子どもの心に「想い」が芽生えたら、次は「手法」が必要です。つまり中学受験のテクニックです。ここまでいけば、テクニックは子どもたちに入っていくようになります。そうすると、成績が上がり、自信を取り戻すことができるのです。そして「合格できる」と思えるようになれば、実際に第一志望校合格は現実のものになります。

自信を失ったところからスタートした子どもたちは、この過程を経て合格を手にすると、卒塾するころには、本当に見違えるほどたくましくなっています。そして何より、周りに感謝できる子になっているのです。ここまでこられたのは自分ひとりの力ではなく、ご家族をはじめとした周りの助けがあったからだ。これが身にしみてわかるからです。そして「これからは受けるばかりでなく、与える側になる」ことを、意識するようになります。自分がいかに恵まれているか、付属校への進学とはどういう意味を持っているのか、親は自分にどんなことを期待しているのか、ということがわかるようになるからです。

私は毎年このようにして、成長して卒塾していく子どもたちを送り出しています。中学受験に携わるということは、日本をこれから背負う人材の育成に寄与することだと、常々感じています。このことは私の仕事に対する誇りです。

「もう勉強したくない」と言っては泣き出したり、「成績が上がった!!」と模試の結果を見せにきたり、「まだがんばれる」と塾から帰らなかったり、「先生に一番に言いたかった!」と合格の連絡をくれたり。

生徒を送り出すときは、これまで一緒に過ごした様々なシーンが思い出され、一抹の寂しさも感じます。しかし、それよりもずっとずっと大きな喜びを感じています。**私のもとを笑顔で巣立っていく子どもたちは、私の宝そのものです。**

本書の出版にあたって、きっかけをつくってくださったダイヤモンド社編集者の井上敬子様、そして黒坂真由子様、関係する皆様にこの場をお借りして心より感謝申し上げます。本書がたくさんの方の中学受験成功の一助となれば、著者としてこれに勝る喜びはありません。本書が、多くの皆さんの手に届くことを願っております。

二〇二〇年五月

野田英夫

巻末特典

大学付属校

早慶
GMARCH
関関同立
医学部系
全39校

学校紹介
&
傾向分析

完璧ファイル

首都圏・関西の人気の大学付属校の特徴と入試問題の傾向を、徹底分析しました。

志望校選びや、相性のよい出題傾向の学校を見極めるために、ぜひ活用してください。

（最新のデータにもとづく最新バージョンはhttps://xn--hjux2h.jp/analysis/でご覧になれます。）

大学付属校志望者が気になるデータを全網羅！

① 偏差値	首都圏模試センターの合判模試（関関同立は日能研R4偏差値）を利用。（複数回入試日がある場合は、基本的には一般入試の1日目の偏差値。なお地方校は首都圏会場入試日の偏差値）
② 入試日	2020年の入試日（来年以降変更もあるので注意。なお募集人数が少ない受験日は載せていない場合もある）。
③ 中1の人数	中1の生徒の人数。
④ 小からの内進者	付属小学校がある場合、中1の生徒のうち小学校からの内部進学者の人数。
⑤ 高からの入学者	高校から入学してくる人数。
⑥ 6年間の学費	中高6年間の学費の目安。
⑦ 系列大学への内部進学率	系列高校から系列大学へ内部進学している割合。
⑧ 内進の条件	内部進学や学部選択の条件。
⑨ 他大学実績	国公立大学や医学部などへの進学実績。
⑩ 推薦保持したままの外部受験	内部進学の推薦を保持したまま外部受験に挑戦できるか。「不可」の学校でもAO入試など特別な場合に限り認めていることもある。
⑪ 有名400社への就職率	系列大学の有名企業400社への就職率。（慶應は就職者が3名以上の企業しか公開していないので不明）

入試問題の傾向を独自の三つの基準で分析。子どもと相性のいい入試問題がわかる！

⑫ 科目の下の（　）	教科ごとの配点。得意科目の配点が大きく、苦手科目の配点が小さい学校だと総得点は高くなりやすい。関西は3科目入試などが選択できるところもある。
⑬ 問題量	単位時間あたりの設問数。問題量が多いものは、スピードが求められるということ。
⑭ 難易度	講師が問題を解いての主観的評価。基本問題が多いか、応用問題が多いか。
⑮ 記述量	記述が必要となる設問数から判断。（用語などの単語のみで答えるものはカウントせず）。なお算数の記述は、式や考え方を書く必要があるものの量から判断。
⑯ 特徴	それぞれの問題のポイントや対策法など。
⑰ 予想合格最低点	何点満点のうちの何点か。年によって違うので、2〜3年分を見て講師が目安を予想。
⑱ 面接／実技等	面接や実技がある場合は内容など。

＊データは、2019〜2020年のものを使用しています。問題分析は2020年から過去2〜3年分を参照しています。最新のデータにもとづいた最新バージョンはhttps://xn--hjux2h.jp/analysis/でご覧いただけます。

大学付属校　完璧ファイルの見方

明治大学付属中野八王子中学校

No.	項目	内容	項目	内容	No.
	所在地	東京都八王子市戸吹町	内進の条件	高校3年間の成績および2年次3年次の統一学力テスト、生活状況をもとに推薦される	⑧
①	偏差値	男 ▸63 女 ▸64			
②	入試日	2月1・3・5日	他大学実績	電通大 ▸ 1 慶應大 ▸ 1	⑨
③	中1の人数	男 ▸81 女 ▸81			
④	小からの内進者	−			
⑤	高からの入学者	150人			
⑥	6年間の学費	570万円	推薦保持したままの外部受験	可（国公立大などに限る）	⑩
⑦	系列大学への内部進学率	91.8%	有名400社への就職率	28.9%	⑪

創立の精神に基づき、質実剛毅で協同自治の習慣を養い、優れた人材を育成することを目指している。明治大学の付属校として、中学・高校・大学の10年一貫教育を実践し、明治大学の核となり、さらに社会に貢献できる人間性豊かな人物の育成を目指している。四季の移り変わりが身近に感じられる自然に恵まれた環境で、生徒たちはのびのびとした学校生活を送っている。

科目	問題傾向	特徴
⑫ 算数（100）	問題量（少 1 2 3 4 5 多）▼3 難易度（基 1 2 3 4 5 応）▼2 記述量（少 1 2 3 4 5 多）▼1	大問が5題。そのうち3題は計算と独立小問で全体の約6割を占める。その対応に速く正確に解くことが求められる。
理科（50）	問題量（少 1 2 3 4 5 多）▼4 難易度（基 1 2 3 4 5 応）▼1 記述量（少 1 2 3 4 5 多）▼1	大問は7題前後。幅広く知識を問う出題になっている。生物、地学、化学、物理の各分野からまんべんなく出題されている。確実に得点することが求められる。 ⑯
国語（100）	⑬ 問題量（少 1 2 3 4 5 多）▼4 ⑭ 難易度（基 1 2 3 4 5 応）▼2 ⑮ 記述量（少 1 2 3 4 5 多）▼3	大問は2題で、いずれも長文問題。小説・物語文と論説・説明文から1題ずつの出題。文章量、設問ともに多いので、速く正確に読む力が必要。
社会（50）	問題量（少 1 2 3 4 5 多）▼4 難易度（基 1 2 3 4 5 応）▼2 記述量（少 1 2 3 4 5 多）▼2	大問は3〜4題。地理・歴史・公民からバランスよく出題されている。ほとんどが選択問題であり、内容も基本レベルのものがほとんど。得点の取りこぼしは許されない。

No.	項目	内容	項目	内容	No.
⑰	予想合格最低点	195点 ／300点満点中	面接／実技等	なし	⑱

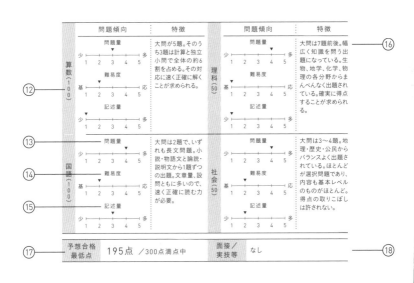

CONTENTS

早稲田付属校

慶應付属校

GMARCH付属校

関関同立付属校

医学部に進学できる付属校

＊なお、各学校の最新のデータにもとづく最新バージョンは
下記でご確認いただけます。
https://xn--hjux2h.jp/analysis/

早稲田大学高等学院中学部

所在地	東京都練馬区上石神井	内進の条件	原則として保証されるが、期末試験・学年末試験で然るべき成績であること、出席日数を満たすことが条件。
偏差値	男 ▸72		
入試日	2月1日	他大学実績	
中1の人数	男 ▸122		
小からの内進者	ー		
高からの入学者	360人		
6年間の学費	710万円	推薦保持したままの外部受験	不可
系列大学への内部進学率	98.4%	有名400社への就職率	36.7%

早稲田大学建学の精神「学問の独立を全うし 学問の活用を効し 模範国民を造就する」に基づき、中等教育の基礎の上に高等学院、大学各学部へつながる前期中等教育を施す男子校。健やかな心身、高い知性、豊かな感性を育み、社会に有為な人材を育成することを目的としている。

また、中学部は早稲田大学の唯一の付属校として、早稲田大学の中核を形づくる意識を持った「早稲田人(ワセダマン)」を育成する。中学は1クラス30人の少人数編成で4クラスのみ。高入生も多く、高校からは1学年12クラスとなる。

科目	問題傾向	特徴
算数(100)	問題量(少1〜5多)：▼2 難易度(基1〜5応)：▼4 記述量(少1〜5多)：▼3	大問は4題。大問1は計算問題を含む小問集合。大問2〜4は独立した問題。問題文が長いのが特徴。文章をながめているのではなく、問題文から図やグラフを正確に描けるようにしておくことが必要。
理科(80)	問題量(少1〜5多)：▼3 難易度(基1〜5応)：▼3 記述量(少1〜5多)：▼5	大問は4題で、生物、地学、化学、物理の各分野から1題ずつ出題されている。計算問題の比重が高いのが特徴。記述問題や図示して答える問題も複数出題されている。
国語(100)	問題量(少1〜5多)：▼2 難易度(基1〜5応)：▼4 記述量(少1〜5多)：▼4	大問は2題。いずれも長文問題で、例年論説文と小説が出題されている。設問数は多くはないが、40から50字程度の記述が2問出題されていることから、時間配分には注意が必要。
社会(80)	問題量(少1〜5多)：▼4 難易度(基1〜5応)：▼3 記述量(少1〜5多)：▼4	大問は5題で、地理、歴史、公民がバランスよく出題されている。歴史は中世から現代が出題される割合が高い。また、時事問題も出題されやすい。ニュースや新聞等を見る習慣をつけておくこと。

予想合格最低点	250点 ／360点満点中	面接／実技等	面接(本人のみ、グループ)あり

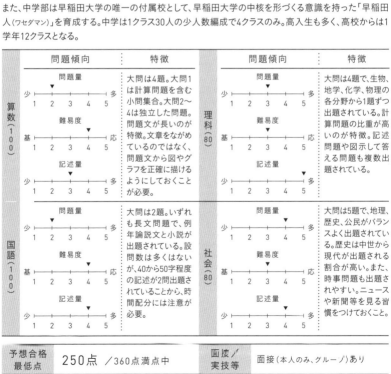

早稲田実業学校中等部

所在地	東京都国分寺市本町	内進の条件	志望する学部・学科と、在学時におさめた成績、人物評価などを総合的に判断
偏差値	男 ▸73 女 ▸75		
入試日	2月1日	他大学実績	
中1の人数	男 ▸147 女 ▸94		
小からの内進者	108人		
高からの入学者	180人		
6年間の学費	512万円	推薦保持したままの外部受験	不可
系列大学への内部進学率	97.2%	有名400社への就職率	36.7%

教育方針は、「豊かな個性と高い学力と苦難に打ち勝つたくましい精神力を兼ね備えた人物」を育成すること。その目的を達成するために、校是として「去華就実(華やかなものを去り、実に就く)」、校訓として「三敬主義(他を敬し、己を敬し、事物を敬す)」を掲げている。

早稲田系列の中では唯一、小学校からの内進者もいる。2002年に共学校となり、ほとんどの生徒が早稲田大学に進学する。スポーツの名門校でもある。

算数(100)

問題傾向

		1	2	3	4	5	
問題量	少	▼					多
難易度	基				▼		応
記述量	少		▼				多

特徴

大問は5題。2題が計算と小問集合。3題が応用問題。応用問題では、図形、場合の数、速さが多く取り上げられている。長文や資料を正確に読み解いてその場で考える問題が出されるのも特徴の一つ。

理科(50)

問題傾向

		1	2	3	4	5	
問題量	少		▼				多
難易度	基			▼			応
記述量	少			▼			多

特徴

大問は3題。出題レベルは基本から標準が中心だが、情報を読み取る力、考えをまとめる力を要求する問題も見られる。生物領域は特に幅広い興味関心が必要。音や光の出題頻度が高い。

国語(100)

問題傾向

		1	2	3	4	5	
問題量	少			▼			多
難易度	基				▼		応
記述量	少		▼				多

特徴

大問は3題。小説・物語文と説明文が例年1題ずつ出題されている。設問は、文脈の読み取りや登場人物の性格・心情の読み取りが多く出題されている。毎年、考えさせる問題が複数見られる。

社会(50)

問題傾向

		1	2	3	4	5	
問題量	少		▼				多
難易度	基			▼			応
記述量	少			▼			多

特徴

大問は3題で、地理、歴史、公民から各1題ずつ。地理、歴史のウエイトがやや高めで、時事問題とそれに関連した出題も多く見られる。グラフや史料からの読み取り問題も頻出なので要注意。

予想合格最低点	180点 ／300点満点中	面接／実技等	なし

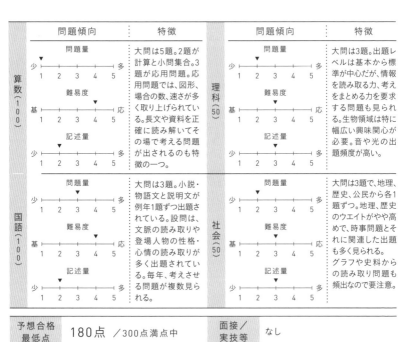

早稲田中学校

所在地	東京都新宿区馬場下町	内進の条件	志望する学部・学科と、在学時におさめた成績、人物評価などを総合的に判断
偏差値	男 ▸74		
入試日	2月1・3日	他大学実績	東京大 ▸ 27 京都大 ▸ 5 東工大 ▸ 9 一橋大 ▸ 5 慶應大 ▸ 59 東京医科歯科大 ▸ 4 順天堂大 ▸ 10
中1の人数	男 ▸311		
小からの内進者	―		
高からの入学者	―	推薦保持したままの外部受験	不可
6年間の学費	505万円		
系列大学への内部進学率	50.7%	有名400社への就職率	36.7%

大隈重信の教育理念にもとづき、坪内逍遥らによって創設された、早稲田大学の付属・系属校の中でも最も古い伝統校。常に誠を基本とする人格の養成に努め、個性を伸張して、国家社会に貢献しうる、健康で民主的な人材を育成することを教育目標とする男子校。

中高一貫教育により、心身の自然な成長を図り、自らの志をとげる学力の向上を目指している。本人の希望を重んじ、約半数の生徒が、早稲田大学以外の国公立大学や医大に進む。進学校としての側面も持ちあわせている。

科目	問題傾向	特徴
算数(60)	問題量：少 1 2 3 4 5 多（▼2） 難易度：基 1 2 3 4 5 応（▼3） 記述量：少 1 2 3 4 5 多（▼2）	図形の求積問題と特殊算の出題率が高い。また、応用小問が多く出題されるので、各分野の基本的解法はもれなく身につけ、ミスなく確実にとれるようにしたい。
理科(40)	問題量：少 1 2 3 4 5 多（▼2） 難易度：基 1 2 3 4 5 応（▼3） 記述量：少 1 2 3 4 5 多（▼2）	生物、地学、化学、物理の各分野から大問が1題ずつ出題されている。記号選択問題では複数回答も多いのであやふやな知識は使えない。また、計算問題では条件を正確に把握し迅速に処理する力が必要。
国語(60)	問題量：少 1 2 3 4 5 多（▼2） 難易度：基 1 2 3 4 5 応（▼3） 記述量：少 1 2 3 4 5 多（▼2）	大問は2題で、どちらも長文問題。小説・物語文が毎年取り上げられているほか、説明文や随筆もある。長文問題の中で、知識や漢字までさまざまな設問が出題されている。
社会(40)	問題量：少 1 2 3 4 5 多（▼3） 難易度：基 1 2 3 4 5 応（▼3） 記述量：少 1 2 3 4 5 多（▼3）	歴史は、通史として出題される割合が非常に高い。設問を細部まで見極めながら、正確に処理する判断力を身につけておくことが必要。選択問題や用語記入がほとんど。

予想合格最低点	130点 ／200点満点中	面接／実技等	なし

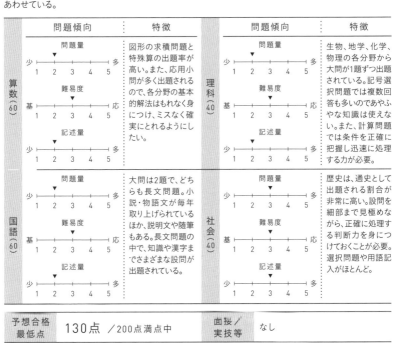

早稲田佐賀中学校

所在地	佐賀県唐津市東城内	内進の条件	学力を基本に総合的に判断
偏差値	男 ▸70 女 ▸70		
入試日	1月13・19日	他大学実績	京都大 ▸1 九州大 ▸5 佐賀大(医) ▸1 慶應大 ▸2 東京理科大 ▸3 ICU ▸1
中1の人数	男 ▸107 女 ▸40		
小からの内進者	ー		
高からの入学者	120人		
6年間の学費	525万円	推薦保持したままの外部受験	不可
系列大学への内部進学率	50.6%	有名400社への就職率	36.7%

早稲田大学の7番目の付属・系属校として、佐賀県唐津の地に開校。「九州のWASEDA」として、早稲田大学建学の精神を踏まえた三本の柱「学問の独立」「進取の精神」「地球市民の育成」を理想とする教育活動を展開し、九州を代表する進学校を目指す共学校。

中学校では知識や思考力・判断力につながる基礎的な学力を徹底的に重視した教育を行い、その上でひとりひとりの個性を伸ばす。高等学校では基礎力を応用力、実践力へと発展させ、さらに高い学力や能力、そして意思決定力や国際性を育成し、最適かつ高いレベルの大学で学ぶための力をつける。

教科	問題傾向	特徴
算数(100)	問題量(少 1–5 多)：▼3 難易度(基 1–5 応)：▼3 記述量(少 1–5 多)：▼2	大問は5題。大問1は計算問題と一行問題が12問。出題範囲に偏りはない。大問2〜5は独立した応用問題。全体を通して、基本レベルから応用レベルまでバランスよく出題されている。
国語(100)	問題量(少 1–5 多)：▼3 難易度(基 1–5 応)：▼2 記述量(少 1–5 多)：▼3	大問は3題。長文2題はいずれも文章が長めになっている。記述の問題も出題される。大問3は漢字や言葉の知識など幅広く問われている。
理科(50)	問題量(少 1–5 多)：▼3 難易度(基 1–5 応)：▼3 記述量(少 1–5 多)：▼1	大問は4題で、生物、地学、化学、物理の各分野から1題ずつ出題される。設問は選択問題、用語記入、計算問題がバランスよく配置されている。計算問題はやや難度が高い傾向にある。
社会(50)	問題量(少 1–5 多)：▼4 難易度(基 1–5 応)：▼2 記述量(少 1–5 多)：▼1	大問は3題で、地理、歴史、公民から1題ずつの出題。設問数は多めだが、どの問題も基本問題・標準問題レベル。毎年必ず「九州地方に関係のある問題」が出題されるのが特徴。

予想合格最低点	210点 ／300点満点中	面接／実技等	なし

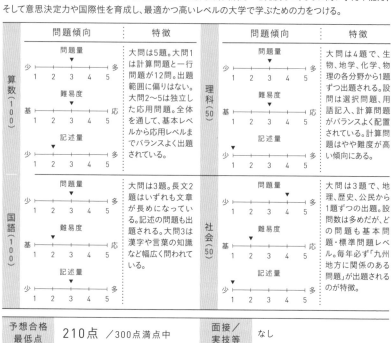

慶應義塾中等部

所在地	東京都港区三田	内進の条件	高校3年間の成績を全体的に評価し、出席状況や授業への意欲などと総合して推薦される学部が決定
偏差値	男 ▸75 女 ▸77		
入試日	2月3日	他大学実績	
中1の人数	男 ▸157 女 ▸96		
小からの内進者	65人		
高からの入学者	慶應義塾高の高入生は374名 慶應義塾女子高の高入生は114名 (慶應志木高は内進者が少いため省略)		
6年間の学費	680万円	推薦保持したままの外部受験	不可
系列大学への内部進学率	99%	有名400社への就職率	—

中等部は、福澤諭吉が早くから説いていた女子教育の重要さを反映し実現した男女共学校。「独立自尊」に根ざした、本当の意味で楽しい「自由」を味わえる。中等部の自由でのびのびとした明るい校風の中でじっくりと時間をかけて「自分」を磨き、慶應義塾の一貫教育において、将来社会の先導者となるための力を養ってほしいと考えられている。

科目	問題量(少 1–5 多)	難易度(基 1–5 応)	記述量(少 1–5 多)	特徴
算数(100)	2	1	1	頻度の差は多少あるが、出題されない単元はない。算数に限らずどの教科も合格には9割に近い得点が必要。そのため正確かつ迅速に問き進めることが大切。問題量は少ないが処理能力が問われる。
理科(50)	2	1	1	出題内容は難問がなく、戸惑う問題もないといえる。高得点が必須なのでミスなく、素早く、確実に解くことが求められる。身の回りの事象、現象には注意しておきたい。
国語(100)	3	2	1	長文問題が中心で例年2題出題される。そのほかに短めの説明文が出題されるときもある。漢字が15問前後出題されるが、ここでは失点できない。早めに完成させるようにしておきたい。
社会(50)	2	2	4	記述問題と図表・データの読み取り問題が増加傾向にある。どの分野においても満遍なく準備しておく必要があるが、加えて、日本や世界で起きている問題や日常生活に関することにも気をつけたい。

予想合格最低点	260点 /300点満点中	面接/実技等	1次合格者に体育実技、面接(保護者同伴)あり。

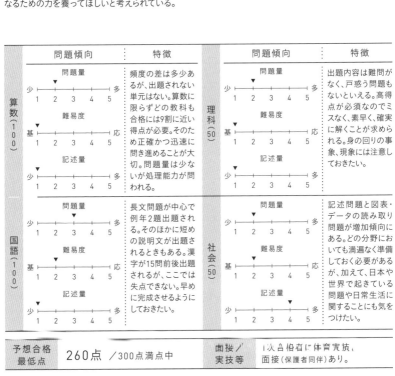

慶應義塾普通部

所在地	横浜市港北区日吉本町
偏差値	男 ▸74
入試日	2月1日
中1の人数	男 ▸235
小からの内進者	70人
高からの入学者	慶應義塾高の高入生は374名（慶應志木高は内進者が少いため省略）
6年間の学費	710万円
系列大学への内部進学率	99%

内進の条件	高校3年間の成績を全体的に評価し、出席状況や授業への意欲などと総合して推薦される学部が決定
他大学実績	
推薦保持したままの外部受験	不可
有名400社への就職率	―

福澤諭吉の建学の志を脈々と受け継ぐ、大学までの一貫教育校。「独立自尊」の四字に集約される義塾建学の理念に沿い、高い品性と優れた知性を人格の基盤として、独立した思考と行動をする個人の育成を目指す男子校。

大学までの独自の一貫教育体制のもと、日常の学業や多くの行事を通して、自ら学び自ら考えることを繰り返すことや、多くの人との出会いから、普(あまね)く通じるゆるぎない知性と豊かな感性を身につけていく。

教科	問題傾向	特徴
算数（100）	問題量（少 1〜5 多）：▼3 難易度（基 1〜5 応）：▼3 記述量（少 1〜5 多）：▼5	立体図形では投影図や展開図を使った問題が頻出。また、条件整理や場合の数など、分析力や処理能力を問われる問題が多く見られるようになってきている。
理科（100）	問題量（少 1〜5 多）：▼4 難易度（基 1〜5 応）：▼2 記述量（少 1〜5 多）：▼5	近年は記述解答問題に加えて、図示して答える問題も出題頻度が高くなっている。難易度は基本から標準レベルの問題が中心だが、問題量を考えると合格点を取ることは易しくない。
国語（100）	問題量（少 1〜5 多）：▼2 難易度（基 1〜5 応）：▼3 記述量（少 1〜5 多）：▼3	大問は3題で、2題が長文問題。1題は漢字の書き取り。長文問題は文章も長く、記号選択問題でも難易度の高い問題があるので注意が必要。
社会（100）	問題量（少 1〜5 多）：▼3 難易度（基 1〜5 応）：▼3 記述量（少 1〜5 多）：▼2	丁寧に読み取らなくてはならない問題が多く、スピードと状況判断力が要求される。歴史は、テーマ史ではなく原始〜現代までの通史を出題する割合が高いのも特徴。

予想合格最低点	330点 ／400点満点中	面接／実技等	体育実技、面接（本人のみ）あり

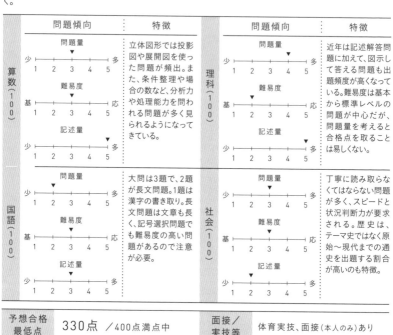

慶應義塾湘南藤沢中等部

項目	内容	項目	内容
所在地	神奈川県藤沢市遠藤	内進の条件	高校3年間の成績を全体的に評価し、出席状況や授業への意欲などと総合して推薦される学部が決定
偏差値	男 ▸74 女 ▸76		
入試日	2月2日	他大学実績	
中1の人数	男 ▸114 女 ▸104		
小からの内進者	108人		
高からの入学者	50人	推薦保持したままの外部受験	不可
6年間の学費	745万円		
系列大学への内部進学率	99%	有名400社への就職率	―

慶應義塾の中で唯一の中高一貫校。慶應の中学校3校の中では最も新しく1992年に開校。

生徒ひとりひとりを大切にして、基本を重視し、基礎を確実に身につける、きめ細かな指導を行う。

21世紀に国際的な場で活躍するために不可欠なものとして、語学と情報リテラシーを身につける教育に力を注ぎ、「異文化交流」と「情報教育」を教育における大きな柱としている。

科目	問題傾向	特徴
算数（100）	問題量（少 1–5 多）：▼2 難易度（基 1–5 応）：▼3 記述量（少 1–5 多）：▼1	基本的な問題が多いが、手間のかかる複雑な問題も散在する。解法がわかっても、答えを導くまでに時間がかかることもある。基本的な問題をいかに速く処理できるかが鍵。
国語（100）	問題量（少 1–5 多）：▼5 難易度（基 1–5 応）：▼3 記述量（少 1–5 多）：▼4	120字から180字の条件作文が出題されるのが特徴。また、2題の長文問題は文章量が多く、問題数は多くはないが、時間的にはかなり苦戦する問題になっている。
理科（50）	問題量（少 1–5 多）：▼2 難易度（基 1–5 応）：▼2 記述量（少 1–5 多）：▼2	物理・化学・生物・地学の領域別ではほぼ同じ割合で出題されている。記号選択問題も複数選択をさせる問題が多いので、あいまいな知識では対応できない。
社会（50）	問題量（少 1–5 多）：▼3 難易度（基 1–5 応）：▼3 記述量（少 1–5 多）：▼1	地理に限らず、歴史や公民分野においても地図や統計資料を用いた読み取り問題が多いのが特徴。また、地形図の読み取りは頻出単元。

予想合格最低点	250点 ／300点満点中	面接／実技等	1次合格者に体育実技、面接（本人、保護者）あり。

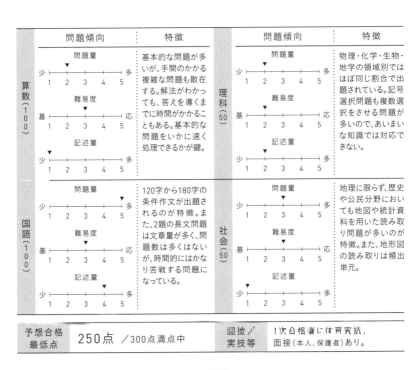

学習院中等科

所在地	東京都豊島区目白
偏差値	男 ▸64
入試日	2月2・3日
中1の人数	男 ▸204
小からの内進者	60人
高からの入学者	20人
6年間の学費	720万円
系列大学への内部進学率	49%

内進の条件	高等科での学業成績、実力試験、各学科の指定科目の成績、および出席・操行
他大学実績	東京外国語大 ▸2 筑波大 ▸1 千葉大(医) ▸1 慶應大 ▸19 早稲田大 ▸23 帝京大(医) ▸3
推薦保持したままの外部受験	条件つきで可
有名400社への就職率	22.9%

幼稚園から大学までの一貫教育が実施されている。中高課程では、大学教育に備えて幅広い知識を身につけることを目指しており、詰め込み教育に偏らないよう配慮されている。また、選抜クラスは設けない方針で、少人数制や習熟度別の授業で生徒の学力向上を図っている。中等科では、英語で外国人講師による授業や、マルチメディア教室での授業が設けられ、生きた英語を学ぶことができる。また、全学年で習熟度別授業も取り入れられている。数学では、中1の幾何と中2の代数でクラスを2分割した少人数授業が、中3の代数で少人数習熟度別授業が実施されている。

科目	問題傾向	特徴
算数(100)	問題量 少 1 2 ▼3 4 5 多 難易度 基 1 2 3 4 ▼5 応 記述量 少 ▼1 2 3 4 5 多	応用レベルの出題が多く見られる。計算問題も桁数が大きく、ミスに注意が必要。問題量は標準的なものだが、時間配分に細心の注意が必要。
国語(100)	問題量 少 1 2 3 ▼4 5 多 難易度 基 1 2 3 4 ▼5 応 記述量 少 1 2 3 ▼4 5 多	長文問題の文章量は多くない。記述式の問題は自ら考えて説明することを求めるものがほとんど。指定された文字数で理路整然と答えられるような訓練が必須。
理科(80)	問題量 少 1 2 3 ▼4 5 多 難易度 基 1 2 3 ▼4 5 応 記述量 少 1 2 3 4 ▼5 多	記述式の出題が多く、難易度は高い。科学に関する最新の時事問題が多く見られるため、ノーベル賞はもちろん、自然現象にも興味を持っておくこと。
社会(80)	問題量 少 1 2 3 ▼4 5 多 難易度 基 1 2 3 4 ▼5 応 記述量 少 1 2 3 4 ▼5 多	各都道府県の特色や、統計を深く知っておく必要あり。また、記述の問題が全体の半分以上を占めるため、国内の歴史や政治に関わる重要事項を知ると同時に、書けるようにすることが重要。

予想合格最低点	200点 ／360点満点中	面接／実技等	なし

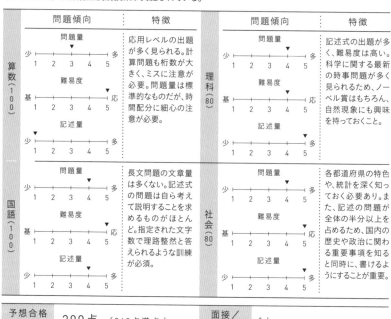

学習院女子中等科

所在地	東京都新宿区戸山	内進の条件	高校3年間の学業成績、実力試験、各学科の指定科目の成績、出席や操行
偏差値	女 ▸ 68		
入試日	2月1・3日		
中1の人数	女 ▸ 208	他大学実績	東京大 ▸ 2 信州大(医) ▸ 1 慶應大 ▸ 12 早稲田大 ▸ 22 北里大(医) ▸ 2
小からの内進者	65人		
高からの入学者	―		
6年間の学費	630万円	推薦保持したままの外部受験	条件つきで可
系列大学への内部進学率	57.9%	有名400社への就職率	22.9%

知識偏重の教育を避け、生徒自ら体験する機会を増やすよう実技・実験・実習を積極的に授業に取り入れている。芸術・体育の授業も充実し、体育では硬式テニス・水泳・ダンスを含む様々な種目を実施している。中1では作法の授業を設け、日本の伝統と文化、言葉遣いやあいさつを学ぶ。このようなバランスのとれた人間的豊かさのある生徒の育成を目指している。

科目	問題傾向	特徴
算数(100)	問題量(少1〜5多):3 難易度(基1〜5応):3 記述量(少1〜5多):2	基本から標準レベルの問題が中心。しかし、考え方や途中式、作図の過程を見られるため、解法をしっかりと説明できる表現力の養成が必要。
国語(100)	問題量(少1〜5多):4 難易度(基1〜5応):5 記述量(少1〜5多):5	文章は長くないが、自分の言葉で説明する設問が多いため、難易度的には高い。文章を読む力とともに、説明する力を高めることが必須。
理科(60)	問題量(少1〜5多):3 難易度(基1〜5応):4 記述量(少1〜5多):5	理由記述のみならず、動物や植物の特徴を記述させる問題も出るため、標準レベルの問題から、さらに一段深い理解が必要。
社会(60)	問題量(少1〜5多):4 難易度(基1〜5応):5 記述量(少1〜5多):5	問題のほとんどが記述式。人名や歴史上の重要な事柄の名前を答えさせる問題が多く見られる。また、自分の考えを答えさせる問題もある。

予想合格最低点	200点 ／320点満点中	面接／実技等	面接あり(保護者1名同伴)

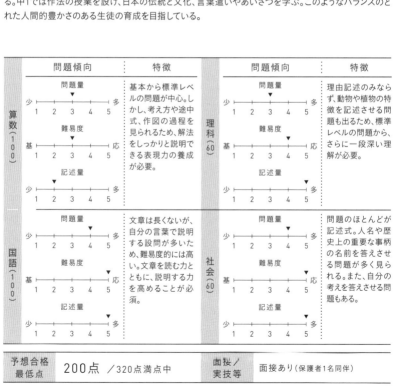

明治大学付属明治中学校

所在地	東京都調布市富士見町	内進の条件	高校3年間の学習成績と人物・適性・志望理由などで判断
偏差値	男 ▸71 女 ▸73	他大学実績	一橋大 ▸1 北海道大 ▸1 筑波大 ▸1 慶應大 ▸4 早稲田大 ▸13 上智大 ▸3
入試日	2月2・3日		
中1の人数	男 ▸95 女 ▸78		
小からの内進者	―		
高からの入学者	100人	推薦保持したままの外部受験	可（国公立大などに限る）
6年間の学費	600万円		
系列大学への内部進学率	89.2%	有名400社への就職率	28.9%

求めている最終学力は、単なる知識の量や問題を解くテクニックではなく、問いを分析し考える力、物事の本質を見抜く力、それを他者に表現する力。その学力を養成するためにも、週6日制で授業時間を確保し、中学・高校の正課科目の多くを必修として確実に基礎学力の土台を完成させる。また、社会に出て活躍するための素地を作るべく、学校行事や班部活動などを通し、集団の中で活躍するための社会力・精神力を育んでほしいと考えている。

算数（100）

問題傾向		1	2	3	4	5	
問題量	少		▼				多
難易度	基			▼			応
記述量	少					▼	多

特徴：標準問題レベルの出題が中心。大問1の計算と独立小問以外は、式や考え方を書かせるので、表現力を含めた練習が必須。

理科（75）

問題傾向		1	2	3	4	5	
問題量	少				▼		多
難易度	基			▼			応
記述量	少		▼				多

特徴：計算問題はパターン化されたものが多く、初見問題は少ない。知識問題は深く理解しておくことが必要な出題が見られる。問題量から、時間配分には注意したい。

国語（100）

問題傾向		1	2	3	4	5	
問題量	少			▼			多
難易度	基				▼		応
記述量	少					▼	多

特徴：大問は2題で、長文問題と漢字の書き取り。長文の文章量は多く、また、記述問題が多いことから、時間の使い方には十分に注意しなければならない。

社会（75）

問題傾向		1	2	3	4	5	
問題量	少				▼		多
難易度	基			▼			応
記述量	少					▼	多

特徴：日本の歴史を問う問題が多く出る一方で、記述式問題はニュースでも取り上げられるような時事問題が多く扱われている。ニュースを見て様々な事柄に興味を持つ習慣が欲しい。

予想合格最低点	215点 ／350点満点中	面接／実技等	なし

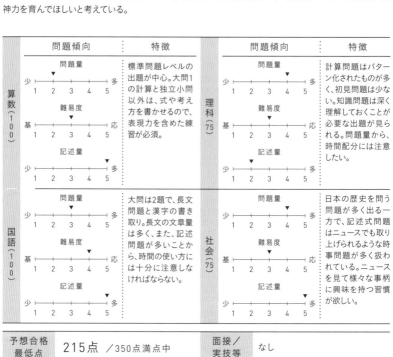

明治大学付属中野中学校

所在地	東京都中野区東中野	内進の条件	高校3年間の各学年での学年末総合評価を高1(2):高2(3):高3(4)の比率で換算し基準とする。
偏差値	男 ▸66		
入試日	2月2・4日	他大学実績	東京大 ▸2 東北大 ▸1 一橋大 ▸2 慶應大 ▸10 早稲田大 ▸5 上智大 ▸6
中1の人数	男 ▸252		
小からの内進者	―		
高からの入学者	165人		
6年間の学費	570万円	推薦保持したままの外部受験	可(国公立大などに限る)
系列大学への内部進学率	80.8%	有名400社への就職率	28.9%

学園の合言葉は「みんなで仲良く正直に真面目に精一杯努力しよう」である。明治大学との連携を密にした、大学までの10年間一貫教育を目標としているが、付属校の生徒であるということに甘えず基礎学力をしっかり身につけ、一方で心身を鍛錬し生きる力を育んでいく。

文武両道の気風が強く、クラブ活動も活発である。あいさつの励行、遅刻・服装・頭髪などについての指導が行われるなど、生活指導には力を入れている。また他大学受験に対応できるような多様なカリキュラムを組んでいる。

科目	問題傾向	特徴
算数(100)	問題量(少 1 2 3 4 5 多) ▼3 難易度(基 1 2 3 4 5 応) ▼2 記述量(少 1 2 3 4 5 多) ▼1	標準問題レベルの出題。早く正確に問題文を把握し、線分図や面積図を用いて解く練習を繰り返すことが有効。
理科(50)	問題量(少 1 2 3 4 5 多) ▼4 難易度(基 1 2 3 4 5 応) ▼2 記述量(少 1 2 3 4 5 多) ▼2	全体の難易度は高くない。基本的な知識を多く問われる傾向にあるので、早く正確に解答できる対応力が必要。
国語(100)	問題量(少 1 2 3 4 5 多) ▼3 難易度(基 1 2 3 4 5 応) ▼3 記述量(少 1 2 3 4 5 多) ▼3	長文の読解力が求められる。記述式問題のほとんどは文中からの一部抜き出しなので、長文を正確に読むことができる力が必要。
社会(50)	問題量(少 1 2 3 4 5 多) ▼4 難易度(基 1 2 3 4 5 応) ▼2 記述量(少 1 2 3 4 5 多) ▼3	国内の政治や、地理、歴史など幅広く標準的なレベルの問題が出題される。小学校レベルの内容をきちんと復習しておくことが有効。

予想合格最低点	200点 ／300点満点中	面接／実技等	なし

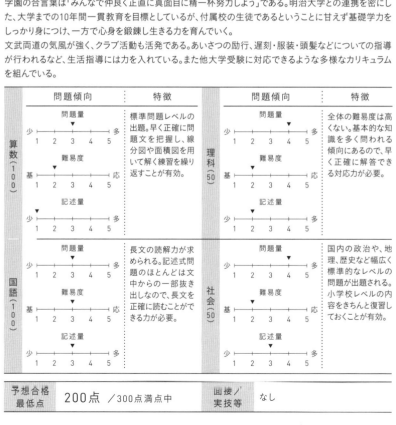

明治大学付属中野八王子中学校

所在地	東京都八王子市戸吹町	内進の条件	高校3年間の成績および2年次3年次の統一学力テスト、生活状況をもとに推薦される
偏差値	男 ▸63 女 ▸64		
入試日	2月1・3・5日		
中1の人数	男 ▸81 女 ▸81	他大学実績	電通大 ▸ 1 慶應大 ▸ 1
小からの内進者	ー		
高からの入学者	150人		
6年間の学費	570万円	推薦保持したままの外部受験	可（国公立大などに限る）
系列大学への内部進学率	91.8%	有名400社への就職率	28.9%

創立の精神に基づき、質実剛毅で協同自治の習慣を養い、優れた人材を育成することを目指している。明治大学の付属校として、中学・高校・大学の10年一貫教育を実践し、明治大学の核となり、さらに社会に貢献できる人間性豊かな人物の育成を目指している。四季の移り変わりが身近に感じられる自然に恵まれた環境で、生徒たちはのびのびとした学校生活を送っている。

科目	問題傾向	特徴
算数（100）	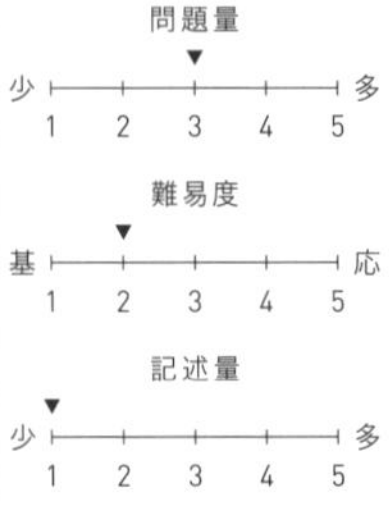	大問が5題。そのうち3題は計算と独立小問で全体の約6割を占める。その対応に速く正確に解くことが求められる。
理科（50）	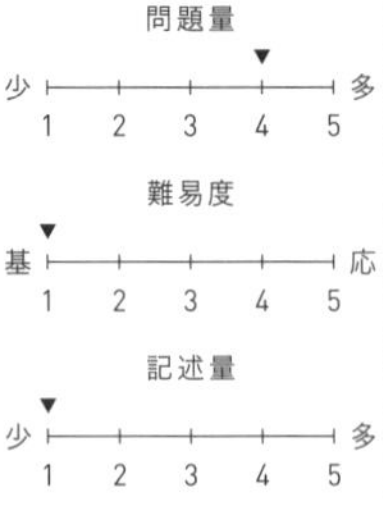	大問は7題前後。幅広く知識を問う出題になっている。生物、地学、化学、物理の各分野からまんべんなく出題されている。確実に得点することが求められる。
国語（100）	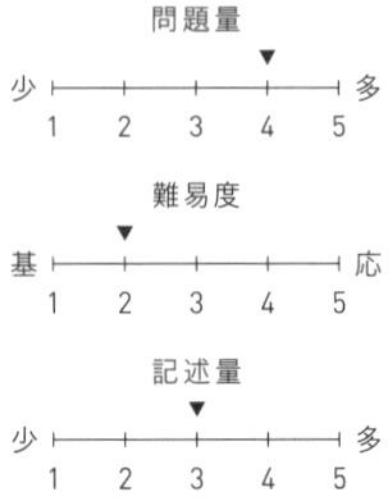	大問は2題で、いずれも長文問題。小説・物語文と論説・説明文から1題ずつの出題。文章量、設問ともに多いので、速く正確に読む力が必要。
社会（50）	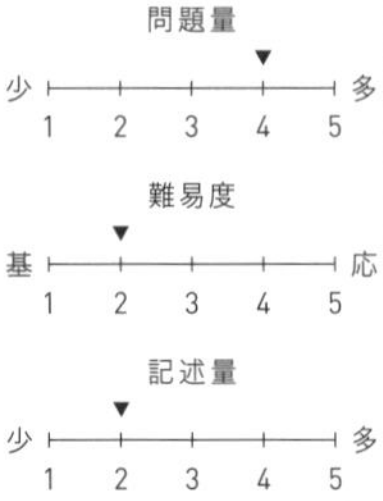	大問は3～4題。地理・歴史・公民からバランスよく出題されている。ほとんどが選択問題であり、内容も基本レベルのものがほとんど。得点の取りこぼしは許されない。

予想合格最低点	195点 ／300点満点中	面接／実技等	なし

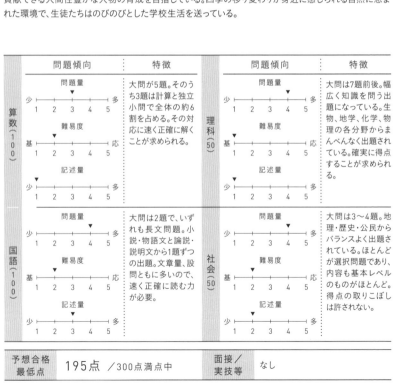

青山学院中等部

所在地	東京都渋谷区渋谷	内進の条件	高等部3年間の学業成績、3年次に行われる2回の学力テストの結果その他を総合的に判断
偏差値	男 ▸69 女 ▸72		
入試日	2月3日	他大学実績	東京外国語大 ▸1 弘前大(医) ▸1 慶應大 ▸7 早稲田大 ▸6 上智大 ▸6
中1の人数	男 ▸128 女 ▸130		
小からの内進者	120人		
高からの入学者	160人		
6年間の学費	660万円	推薦保持したままの外部受験	不可
系列大学への内部進学率	83.6%	有名400社への就職率	30.1%

ひとりひとりの生徒の人格を育み、その自己実現を支える方針。また、与えられた自分の力を他者のためにも用い、平和な社会に貢献する人間の育成を目指している。自主性を尊重した明るい校風で、生徒はのびのびと学校生活を送っている。中等部では、基礎学力の徹底と、自ら考える力を身につけることを重視しており、各学年とも1クラス32名ほどの少人数クラス編成となっている。高等部では、科目選択制を設けて進路に対応している。選択科目はフランス語・ドイツ語・数学演習・工芸など内容が多岐にわたっており、生徒の進路・興味・関心に合わせて履修することができる。

科目	問題傾向	特徴
算数(100)	問題量(少1〜5多):▼3 難易度(基1〜5応):▼2 記述量(少1〜5多):▼1	出題に単元の偏りはない。出題レベルは、基本的なものが中心。ミスを減らし確実に点数を取るための学習が大切。
国語(100)	問題量(少1〜5多):▼4 難易度(基1〜5応):▼3 記述量(少1〜5多):▼4	長文の文章量、設問数、記述量のいずれも多く注意が必要。文章を読み慣れておくと同時に、記述形式の対策を行うことが不可欠。
理科(50)	問題量(少1〜5多):▼2 難易度(基1〜5応):▼2 記述量(少1〜5多):▼1	各分野とも、基本的な内容で構成されている。時事的な問題も見られるので、日ごろから新聞やニュースを通じて環境問題や科学のニュースにアンテナを張っておくこと。
社会(50)	問題量(少1〜5多):▼3 難易度(基1〜5応):▼2 記述量(少1〜5多):▼1	地理、歴史分野で出題が多く、公民分野の出題が少なめ。語句は基本的に漢字で書けるようにする必要あり。

予想合格最低点	200点 ／300点満点中	面接／実技等	なし

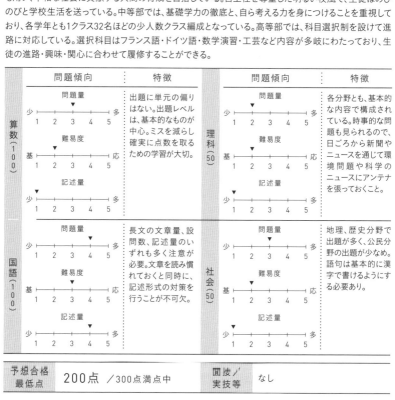

青山学院横浜英和中学校

所在地	横浜市南区蒔田町	内進の条件	高校3年間の学業成績と学力試験、その他人物などを総合的に判断
偏差値	男 ▸64 女 ▸65		
入試日	2月1・2・3日		
中1の人数	男 ▸45 女 ▸180	他大学実績	横浜市大 ▸ 2
小からの内進者	60人		
高からの入学者	ー		
6年間の学費	570万円	推薦保持したままの外部受験	不可
系列大学への内部進学率	12.7%	有名400社への就職率	30.1%

2016年4月より青山学院大学系属校となり、2018年度からは共学校となる。「キリスト教に基づく人格教育を行う」という建学精神のもと、今後の社会を、希望と喜びをもってたくましく生きていく人格の育成を、教育方針とする。

「神を畏れる」「自立する」「隣人と共に生きる」の三つの教育目標は、キリスト教教育、キャリア教育、グローバル教育として、6年間の教育プログラムの中で具体的に実践している。

科目	問題傾向	特徴
算数(100)	問題量(少 1–5 多):3 難易度(基 1–5 応):2 記述量(少 1–5 多):1	難易度が決して高くなく、各単元の基本的な解法が問われる。図形と、場合の数の出題頻度が若干高いが、偏りが大きいわけではないので、苦手分野を作ることは避けなければならない。
理科(50)	問題量(少 1–5 多):3 難易度(基 1–5 応):2 記述量(少 1–5 多):3	生物、地学、化学、物理の各分野からまんべんなく出題されている。必要な知識は基本的なものがほとんどだが、短文記述も出題されるので、その対策は不可欠。
国語(100)	問題量(少 1–5 多):2 難易度(基 1–5 応):2 記述量(少 1–5 多):4	長文問題が2題で、そのほか漢字や言葉の知識が問われる国語の典型的な問題。長文は問題文が長めなので、読むことに普段から慣れておく必要がある。
社会(50)	問題量(少 1–5 多):3 難易度(基 1–5 応):2 記述量(少 1–5 多):2	地理、歴史、公民の各分野からバランスよく出題されている。各分野の問題とも幅広い事柄を問う総合問題になっている。

予想合格最低点	180点 ／300点満点中	面接／実技等	なし

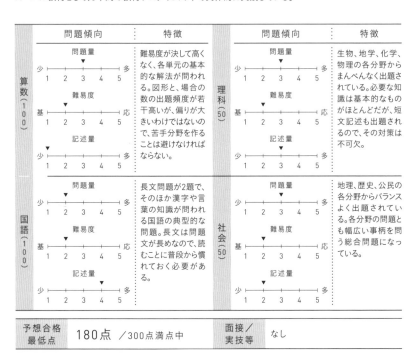

青山学院大学系属浦和ルーテル学院中学校

所在地	さいたま市緑区大崎	内進の条件	高校3年間の学業成績と学力試験、その他青山学院大学と協議の上決定した基準を満たすこと
偏差値	男 ▸55 女 ▸55		
入試日	1月10・12日、2月5日		
中1の人数	男 ▸37 女 ▸46	他大学実績	慶應大 ▸ 1
小からの内進者	48人		
高からの入学者	50人		
6年間の学費	515万円	推薦保持したままの外部受験	不可
系列大学への内部進学率	11.3%	有名400社への就職率	30.1%

2019年度から青山学院の系属校に。教育方針に、神様からひとりひとりに与えられた賜物(ギフト)を、将来自他の幸福のために発見し磨き上げる「ギフト教育」を掲げている。また、少人数教育も特徴の一つ。高等部では一人でも履修希望があればすべての科目を開講している。併せて青山学院大学系属校の高校生だけが受講できる青山学院大学の特別講座を年10回程度実施している。

系属校推薦枠が設けられており、大学の求める基準を満たせば入学できる一定数の推薦枠がある。

科目	問題傾向	特徴
算数(100)	問題量(少 1–5 多):▼2 難易度(基 1–5 応):▼1 記述量(少 1–5 多):▼2	学校の教科書レベルの出題が多い。問題数も多くないので、落ち着いて確実に解き進めたい。国語以外の3教科は問題冊子の中に解答を書くスタイルになっている。
国語(100)	問題量(少 1–5 多):▼3 難易度(基 1–5 応):▼1 記述量(少 1–5 多):▼2	長文問題が2題と知識問題の構成。長文問題の文章量は多くない。知識問題は、ことわざ、熟語、文法、敬語、漢字と多岐にわたる。難易度は高くないが、基本的知識を広く学習しておくことが必要。
理科(50)	問題量(少 1–5 多):▼5 難易度(基 1–5 応):▼2 記述量(少 1–5 多):▼5	難易度は高くはないが、記述量の多さから、知識を覚えるだけでなく、理解をした上でそれを表現できる力が必要。社会と合わせて45分という試験時間と問題量が多いことから、時間配分には注意したい。
社会(50)	問題量(少 1–5 多):▼4 難易度(基 1–5 応):▼2 記述量(少 1–5 多):▼3	設問数が多めなので時間配分には注意が必要。特に、40字から55字、70字から80字のような記述問題も見られるので、その対策は必須。地理の出題の割合が多く、公民は少なめになっている。

予想合格最低点	240点 /300点満点中	面接/実技等	グループ面接(1対4〜6)

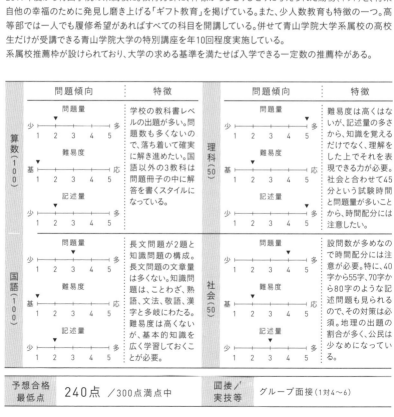

立教池袋中学校

所在地	東京都豊島区西池袋	内進の条件	高校3年間の学業成績と卒業研究論文、自己推薦の各評価をポイント化
偏差値	男 ▸67		
入試日	2月2・5日	他大学実績	東京外国語大 ▸1 筑波大 ▸1 横浜市大(医) ▸1 慶應大 ▸7 早稲田大 ▸9 上智大 ▸4
中1の人数	男 ▸156		
小からの内進者	58人		
高からの入学者	15人		
6年間の学費	700万円	推薦保持したままの外部受験	不可
系列大学への内部進学率	86.3%	有名400社への就職率	26.0%

「生き方にテーマのある魅力的な人間」の育成を目指しており、広く深い学習姿勢が求められる。興味・関心・動機と、学習の手順・過程を大切にした教育が展開されている。多くの体験プログラムを組み、広く世界に目を向けた思いやりを養う心の教育にも努めている。

科目	問題傾向	特徴
算数(100)	問題量(少1〜多5):3 難易度(基1〜応5):3 記述量(少1〜多5):1	図形がらみの問題が他の分野に比べ、設問数が多めになっていることが特徴の一つ。やや複雑な問題も出題されているので、与えられた条件を整理する練習が不可欠。
国語(100)	問題量(少1〜多5):3 難易度(基1〜応5):3 記述量(少1〜多5):3	抜き出しや説明をさせる問題があるので、記述形式の練習は必須。問題量は標準的だが、記述等を考慮すると、時間配分に注意が必要。
理科(50)	問題量(少1〜多5):2 難易度(基1〜応5):3 記述量(少1〜多5):1	生物、地学、化学、物理の各分野からバランスよく出題されている。時間的には余裕がある試験なので丁寧に解き進めることが重要。日常生活をテーマにした出題が見られることも特徴の一つ。
社会(50)	問題量(少1〜多5):2 難易度(基1〜応5):3 記述量(少1〜多5):4	分野の偏りなく出題される。知識を問うだけでなく、理由を考えさせるものが出題されているので、「なぜそうなったのか?」を日ごろから考えて取り組むことが有効。

予想合格最低点	185点 /300点満点中	面接/実技等	第2回入試に自己アピール面接

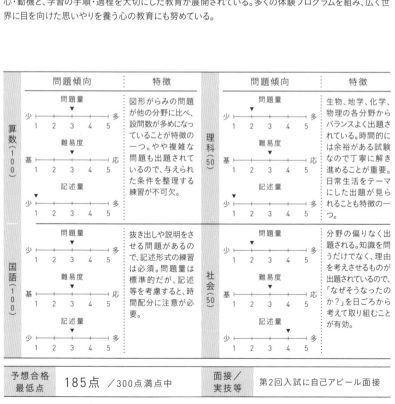

立教新座中学校

所在地	埼玉県新座市北野	内進の条件	高校3年間の学業成績など
偏差値	男 ▸70		
入試日	1月25日、2月3日	他大学実績	筑波大 ▸1 東京外国語大 ▸1 慶應大 ▸9 早稲田大 ▸12 上智大 ▸4 東京医大 ▸1
中1の人数	男 ▸208		
小からの内進者	53人		
高からの入学者	120人	推薦保持したままの外部受験	不可
6年間の学費	640万円		
系列大学への内部進学率	81.3%	有名400社への就職率	26.0%

「キリスト教に基づく人間教育」という建学の精神のもとで充実した教育が行われている。基礎学力の育成とともに自主性と向上心を身につけ、個性と応用力を磨くことが教育目標となっている。中高一貫のメリットを生かし、大学の高度な学習に耐えうる教育を実践している。高校では、高入生と混合クラスを編成し、大幅な科目選択制の導入などで、質も高く、かつ大学受験にも対応できる学力を養う。

算数（100）

問題傾向	尺度（1〜5）	位置
問題量	少 1 2 3 4 5 多	▼4
難易度	基 1 2 3 4 5 応	▼3
記述量	少 1 2 3 4 5 多	▼1

特徴：標準レベルの問題が中心。問題の数は多めなので、時間を短縮できる公式を覚えておくことが有用。比率は高くないが、特殊算の練習が必要な問題も。

理科（50）

問題傾向	尺度（1〜5）	位置
問題量	少 1 2 3 4 5 多	▼4
難易度	基 1 2 3 4 5 応	▼3
記述量	少 1 2 3 4 5 多	▼2

特徴：生物、地学、化学、物理の各分野からバランスよく出題される。じっくりと思考し想像することが必要な問題も見られる。実験の過程、結果を理由とともに理解しておくこと。

国語（100）

問題傾向	尺度（1〜5）	位置
問題量	少 1 2 3 4 5 多	▼4
難易度	基 1 2 3 4 5 応	▼2
記述量	少 1 2 3 4 5 多	▼2

特徴：文章の理解を問う問題が多めで、自分の考えを書かせる問題も時々出題される。抜き出しや説明をさせる問題もあるので、記述形式の練習は必須。

社会（50）

問題傾向	尺度（1〜5）	位置
問題量	少 1 2 3 4 5 多	▼3
難易度	基 1 2 3 4 5 応	▼3
記述量	少 1 2 3 4 5 多	▼2

特徴：要求される知識は標準レベルなので、基礎を固めてミスを減らすことが必要。時事問題に触れる機会を設けておく必要あり。

予想合格最低点	160点 ／300点満点中	面接／実技等	なし

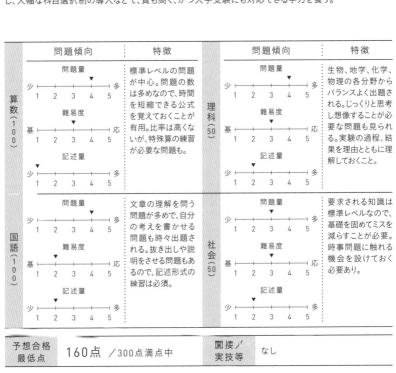

立教女学院中学校

所在地	東京都杉並区久我山	内進の条件	成績が基準を満たすこと。卒論の認定。英検2級。その他人物など。受入総数121名
偏差値	女 ▸69		
入試日	2月1日	他大学実績	東京大 ▸2 東工大 ▸1 筑波大 ▸2 慶應大 ▸17 早稲田大 ▸16 東京女子医大 ▸3
中1の人数	女 ▸200		
小からの内進者	72人		
高からの入学者	―		
6年間の学費	700万円	推薦保持したままの外部受験	不可
系列大学への内部進学率	55%	有名400社への就職率	26.0%

「キリスト教に基づく人間教育」に重点を置いている。なかでも、立教女学院がめざす女性は「知的で品格のある凛とした女性」。このような人間教育を実践するために、五つの教育目標が掲げられている。

他者に奉仕できる人間になる　知的で品格のある人間になる　自由と規律を重んじる人間になる

世の中に流されない凛とした人間になる　平和を作り出し、発信する人間になる

実際の学校生活の中でこれらの人間教育を実現するために、カリキュラム・教科学習は様々な教育プログラムと密接に結びついて行われている。

教科	問題傾向	特徴
算数（90）	問題量（少 1 2 3 4 5 多）：▼3 難易度（基 1 2 3 4 5 応）：▼4 記述量（少 1 2 3 4 5 多）：▼1	基本的な問題が中心だが、設問に応用的な問題や、やや複雑な問題が見られる。問題数は多くないので、見直しや検算等に十分に時間を取りたい。
理科（60）	問題量（少 1 2 3 4 5 多）：▼4 難易度（基 1 2 3 4 5 応）：▼3 記述量（少 1 2 3 4 5 多）：▼1	問題数は多いが、選択式問題がほとんどで、問題の難易度も高くない。理科の標準的な知識、解法を広く押さえておきたい。
国語（90）	問題量（少 1 2 3 4 5 多）：▼4 難易度（基 1 2 3 4 5 応）：▼4 記述量（少 1 2 3 4 5 多）：▼3	文章量が多く、読み慣れない文章が出されることが多いため、難易度は高め。また、記述を求められる問題は、数は少ないが記述量は多めなので、その対策は欠かせない。
社会（60）	問題量（少 1 2 3 4 5 多）：▼4 難易度（基 1 2 3 4 5 応）：▼4 記述量（少 1 2 3 4 5 多）：▼1	日本とつながりの深い国や、世界遺産、政治についての問題がしばしば出題されている。内容は難しいものではないが、用語、名称を正しく書けるようにしておく必要あり。

予想合格最低点	230点 ／300点満点中	面接／実技等	事前に面接（保護者同伴）あり

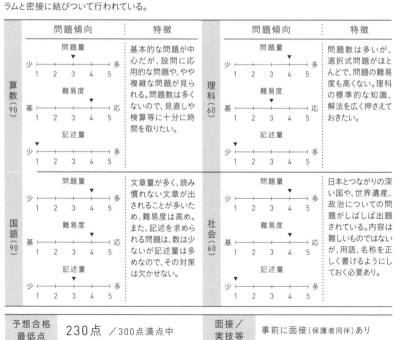

香蘭女学校中等科

所在地	東京都品川区旗の台	内進の条件	高校3年間の成績などが基準 推薦枠97名
偏差値	女 ▸65		
入試日	2月1・2日	他大学実績	福島県立医大 ▸1 横浜市大 ▸1 慶應大 ▸10 早稲田大 ▸16 上智大 ▸11
中1の人数	女 ▸176		
小からの内進者	−		
高からの入学者	−	推薦保持したままの外部受験	不可
6年間の学費	650万円		
系列大学への内部進学率	46.8%	有名400社への就職率	26.0%

立教大学の系属校。プロテスタントのミッションスクールで、毎朝8時15分から礼拝が行われる。また、週1回の聖書の授業がある。イースター、クリスマス礼拝などの宗教行事も行われる。

建学の精神は「優等全備ノ貴女ヲ養成スル」。

この精神を時代に活かし、キリスト教の信仰に基づいた人間教育と高度の教養教育をその基に据え、他者との出会いを大切にし隣人として生きる「有為な女性」を育てることを目的としている。

	問題傾向	特徴
算数(100)	問題量 少 1 2 3 4 5 多 ▼4 難易度 基 1 2 3 4 5 応 ▼2 記述量 少 1 2 3 4 5 多 ▼1	基本問題レベルの出題が多く見られる。問題内容が難しくないため、問題文から図や表をかき、確実に得点できる力を養いたい。
国語(100)	問題量 少 1 2 3 4 5 多 ▼4 難易度 基 1 2 3 4 5 応 ▼2 記述量 少 1 2 3 4 5 多 ▼2	文章量は多いが、選択式の問題は難しいものではない。一方で、記述式の問題は文中からの抜き出しではなく、自らの言葉で説明を求めるものが多く平易ではない。
理科(50)	問題量 少 1 2 3 4 5 多 ▼4 難易度 基 1 2 3 4 5 応 ▼2 記述量 少 1 2 3 4 5 多 ▼1	問題のレベルは易しく、知識を問う内容が多く出題されている。基礎をしっかりと身につけておくことで十分対応できる。
社会(50)	問題量 少 1 2 3 4 5 多 ▼4 難易度 基 1 2 3 4 5 応 ▼4 記述量 少 1 2 3 4 5 多 ▼2	日本の歴史、都道府県ごとの特色などの知識に加えて、近年の世界情勢までが出題されている。幅広い知識を持つためのアンテナを常に張っておくことが必要。

予想合格最低点	170点 ／300点満点中	面接／実技等	なし

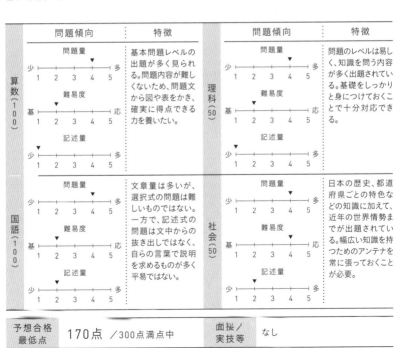

中央大学附属中学校

所在地	東京都小金井市貫井北町	内進の条件	高校3年間の定期試験ならびに学力テストの総合得点
偏差値	男 ▸66 女 ▸67		
入試日	2月1・4日	他大学実績	東工大 ▸1 東京外国語大 ▸1 早稲田大 ▸1 上智大 ▸14
中1の人数	男 ▸80 女 ▸95		
小からの内進者	—		
高からの入学者	200人	推薦保持したままの外部受験	可(国公立大および中央大学にない私大の学部学科)
6年間の学費	610万円		
系列大学への内部進学率	84.1%	有名400社への就職率	22.1%

中高6年間を通して、受験勉強にとらわれない学習が進められている。「プロジェクト・イン・イングリッシュ」では、ネイティブの先生の指導のもとに、身近なテーマをグループで調査し、英語で発表する。「プロジェクト・イン・サイエンス」では、中学理科の内容に限定されないテーマにチャレンジする。

中学3年間で60冊、高校では100冊の課題図書を読むことにより、読書習慣をつけるとともに、読解力や思考力を伸ばす。

科目	問題傾向	特徴
算数(100)	問題量 少 1 2 3 4 5 多(▼2) 難易度 基 1 2 3 4 5 応(▼2) 記述量 少 1 2 3 4 5 多(▼1)	出題の中心は基本から標準レベル。いくつか難しめの問題が含まれる。大問1の計算と独立小問を手早く解くことが求められる。
理科(60)	問題量 少 1 2 3 4 5 多(▼1) 難易度 基 1 2 3 4 5 応(▼2) 記述量 少 1 2 3 4 5 多(▼2)	大問は3題で設問は20問前後。実験・観察が題材になっているものがほとんどで、問題文や図・グラフを読み取る力が求められている。
国語(100)	問題量 少 1 2 3 4 5 多(▼4) 難易度 基 1 2 3 4 5 応(▼2) 記述量 少 1 2 3 4 5 多(▼3)	長文問題の文章はやや長く、設問数も多いことから時間配分を意識して取り組む必要がある問題になっている。選択式の問題が中心だが、問題文を丁寧に読まなければ対応できない。
社会(60)	問題量 少 1 2 3 4 5 多(▼2) 難易度 基 1 2 3 4 5 応(▼2) 記述量 少 1 2 3 4 5 多(▼2)	会話文を用いた総合問題(一つの分野だけではない)が出題される。時事問題も扱われるので、新聞やニュースから知識を得るようにすることも大切。

予想合格最低点	205点 /320点満点中	面接/実技等	なし

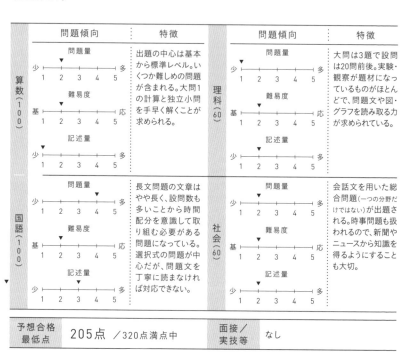

中央大学附属横浜中学校

所在地	横浜市都筑区牛久保東	内進の条件	高校3年間の学校での成績と、模擬試験を合わせたものを点数化し、上位の者から希望の学部学科に推薦
偏差値	男 ▸68 女 ▸69		
入試日	2月1・2日		
中1の人数	男 ▸79 女 ▸129	他大学実績	東工大 ▸1 一橋大 ▸1 三重大(医) ▸1 早稲田大 ▸16 慶應大 ▸6 東京理科大 ▸25
小からの内進者	―		
高からの入学者	100人	推薦保持したままの外部受験	可（国公立大および中央大学にない私大の学部学科）
6年間の学費	680万円		
系列大学への内部進学率	68.5%	有名400社への就職率	22.1%

創立100年を超える歴史があり、「謝恩礼節 自律実践」を校訓としている。2010年に中央大学の付属校となった。中学課程では、普段の授業で基礎学力を身につけた上で、校外研修での日本文化の学びや、海外研修による国際理解教育を行い、行事や部・同好会活動で企画力やコミュニケーション力を養う。これらの取り組みを循環させることで、人間の土台を築く。高校からは新たな入学生を迎えて、学びはより刺激的に、将来はより具体的になる。中学で培った基礎学力をもとに、高2で文系、理系の選択を行い、中央大学との連携も密接になり、志望に向けて専門性を深める。

科目	問題傾向	特徴
算数（150）	問題量（少 1 2 3 4 5 多）▼3 難易度（基 1 2 3 4 5 応）▼3 記述量（少 1 2 3 4 5 多）▼3	難易度は基本から標準レベル。解答を記述で示す問題が複数あることが特徴。考え方や途中式が書ける表現力の養成が不可欠。
理科（100）	問題量（少 1 2 3 4 5 多）▼3 難易度（基 1 2 3 4 5 応）▼2 記述量（少 1 2 3 4 5 多）▼2	実験・観察をもとにした問題が中心。基本的な事柄を問う問題が多い。生物、地学、化学、物理からバランスよく出題されている。
国語（150）	問題量（少 1 2 3 4 5 多）▼4 難易度（基 1 2 3 4 5 応）▼3 記述量（少 1 2 3 4 5 多）▼3	大問数は2題。物語文と説明文が1題ずつ出題されている。漢字などの知識は長文問題の中で出題される。難問奇問の類いは見られない。
社会（100）	問題量（少 1 2 3 4 5 多）▼3 難易度（基 1 2 3 4 5 応）▼2 記述量（少 1 2 3 4 5 多）▼3	地理、歴史、公民から各1題ずつ出題されている。各分野とも幅広い設問になっていることが特徴。細かい専門知識を問う問題はあまり見られない。

予想合格最低点	320点 ／500点満点中	面接／実技等	なし

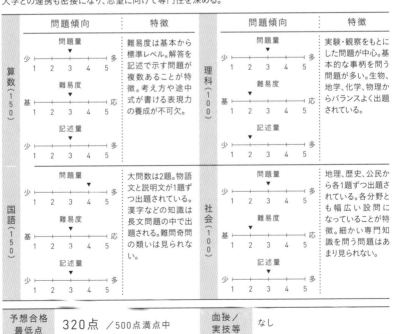

法政大学中学校

所在地	東京都三鷹市牟礼	内進の条件	高校3年間の総合成績および、英語資格試験および基礎的思考力で法政大学が定める基準を満たしていること
偏差値	男 ▸65 女 ▸67		
入試日	2月1・3・5日	他大学実績	東京都立大 ▸ 1 慶應大 ▸ 4 上智大 ▸ 6 東京理科大 ▸ 4
中1の人数	男 ▸65 女 ▸75		
小からの内進者	―		
高からの入学者	92人		
6年間の学費	640万円	推薦保持したままの外部受験	可
系列大学への内部進学率	85.3%	有名400社への就職率	21.9%

「自由と進歩」という校風の中で、「自主自律」を育むという教育方針となっている。また、法政大学での4年間もふまえ、中学・高校・大学の10年間の一貫教育としての特徴もある。中学1年と2年は基礎学力と学習習慣を身につけ、中学3年と高校1年は学習時間をきちんと確保して基礎を固め、高校2年と3年では自分の進路に合わせて様々な選択学習が行われる。また、高校2年・3年で文系・理系のコース分けは行われておらず、文系科目と理系科目から授業を選択することができるなど、特徴的なカリキュラムとなっている。

	問題傾向	特徴
算数（150）	問題量（少 1 2 3 4 5 多）▼3 難易度（基 1 2 3 4 5 応）▼1 記述量（少 1 2 3 4 5 多）▼1	基本問題が出題の中心。計算の正確さや公式等の正しい理解が問われる。合格者平均も高いことからミスが許されない。
理科（100）	問題量（少 1 2 3 4 5 多）▼4 難易度（基 1 2 3 4 5 応）▼2 記述量（少 1 2 3 4 5 多）▼1	生物、地学、化学、物理からバランスよく出題されている。基本問題が中心。理科の基礎知識が幅広く問われていることが特徴。
国語（150）	問題量（少 1 2 3 4 5 多）▼2 難易度（基 1 2 3 4 5 応）▼2 記述量（少 1 2 3 4 5 多）▼3	大問は2題。1題が物語的文章でもう1題が説明的文章。文章が的確に読み取れるかと同時に表現力も試される問題。知識は長文問題の中で問われる。
社会（100）	問題量（少 1 2 3 4 5 多）▼3 難易度（基 1 2 3 4 5 応）▼2 記述量（少 1 2 3 4 5 多）▼4	基本問題中心の出題。しかし、理由や特徴を書かせる記述問題も出題されるため、準備が必要。地理、歴史、公民から満遍なく出題されている。

予想合格最低点	360点 ／500点満点中	面接／実技等	なし

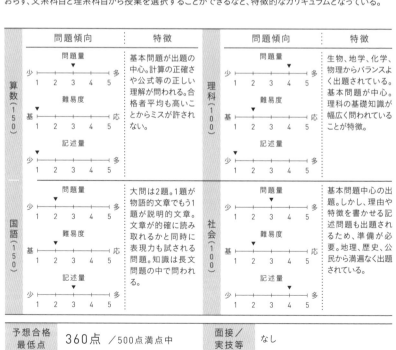

法政大学第二中学校

所在地	神奈川県川崎市中原区木月大町	内進の条件	高校3年間の成績、外部試験における有資格要件、基本的生活習慣の3点を全て満たしていること
偏差値	男 ▸68 女 ▸69		
入試日	2月2・4日	他大学実績	筑波大 ▸1 横浜国大 ▸3 慶應大 ▸3 早稲田大 ▸1 東京理科大 ▸2
中1の人数	男 ▸145 女 ▸79		
小からの内進者	ー		
高からの入学者	395人	推薦保持したままの外部受験	可
6年間の学費	650万円		
系列大学への内部進学率	85.3%	有名400社への就職率	21.9%

法政大学の学風である「自由と進歩」を受け継ぎ、「人格」の完成を目指して、国民的共通教養の基礎を築き、平和的で民主的な国家および社会の形成者を育成することを目的としている。
英語と数学では全学年でクラス2分割の少人数授業が行われている。理科では、毎週2時間続きの実験の授業がチームティーチングで実施され、生徒は毎回レポートを提出する。高3で文系・理系に分かれる。

算数（100）

問題傾向

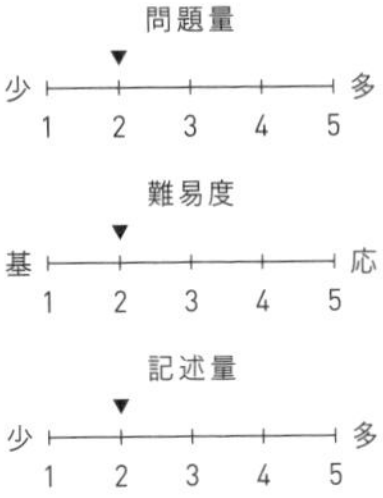

特徴：基本から標準レベルの出題がほとんど。途中式を普段から書く癖をつけ、記述を要する問題の対策をしておくこと。

理科（75）

問題傾向

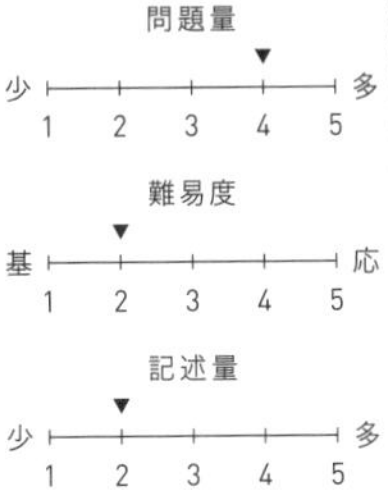

特徴：ひとつひとつの設問の難易度は高くないが、扱う問題数が多め。知識と計算問題がバランスよく配置されている。

国語（100）

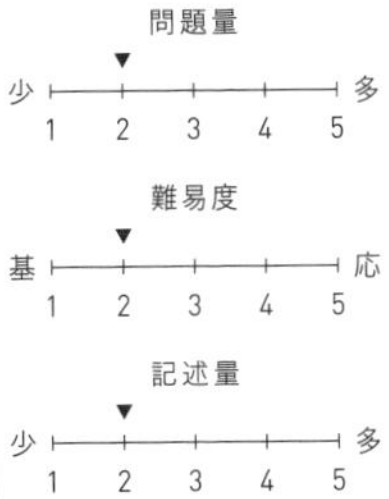

特徴：大問は3題で2題が長文問題、1題が知識問題。長文は小説・物語文と論説・説明文がそれぞれ1題ずつの出題。文章の内容理解が設問の中心になっている。

社会（75）

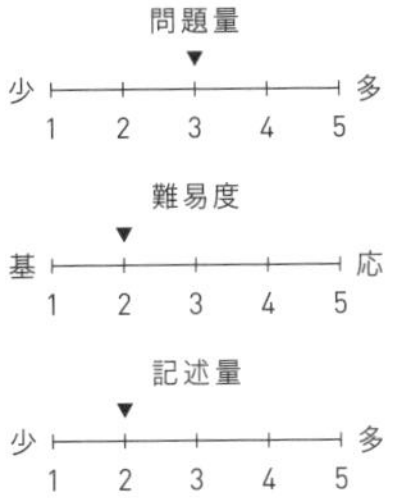

特徴：地理、歴史、公民の各分野からいずれも複数題出題される。それぞれが幅広い事柄を問う問題になっている。語句は漢字指定が多いので、覚える際には注意が必要。

予想合格最低点	230点 ／350点満点中	面接／実技等	帰国生入試のみ面接あり （受験生・保護者）

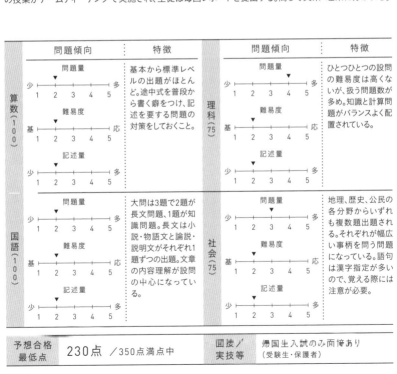

関西大学中等部

所在地	大阪府高槻市白梅町	内進の条件	内部進学入試
偏差値	男 ▸42 女 ▸42	他大学実績	京都大 ▸1 九州大 ▸1 北海道大 ▸1 大阪大 ▸6 早稲田大 ▸1 上智大 ▸1
入試日	1月18・20日		
中1の人数	男 ▸63 女 ▸62		
小からの内進者	60人		
高からの入学者	40人		
6年間の学費	670万円	推薦保持したままの外部受験	可（国公立大など）
系列大学への内部進学率	72%	有名400社への就職率	19.6%

2010年4月に、関西大学高槻ミューズキャンパスに設置・開校された。

すべての学びのベースとなる思考力の育成を重視。中等部では独自の授業「考える科」で考えるために必要な基本スキルを習得する。それを「教科学習」で実践しながら定着させ、「総合的な学習の時間」で教科横断的な問題解決能力を育成していく。

また、国際社会で求められる語学力、国際理解力の育成を重視。インプットだけでなく、アウトプットも重視した英語教育、国際交流、海外研修などで時代が求める国際人を育成する。

科目	問題傾向	特徴
算数（100）	問題量（少 1 2 3 4 5 多）▼4 難易度（基 1 2 3 4 5 応）▼2 記述量（少 1 2 3 4 5 多）▼1	基本から標準的な問題が中心。しかし問題数が多いため時間配分に配慮は必要。速く正確に解く練習をたくさん行いたい。
理科（100）	問題量（少 1 2 3 4 5 多）▼1 難易度（基 1 2 3 4 5 応）▼4 記述量（少 1 2 3 4 5 多）▼5	基本的な知識をもとに考えさせる問題が多く見られる。また、問題文や資料をもとによく考える必要がある問題もある。問題数は多くないので、ミスなく丁寧に解き進めることが大切。
国語（100）	問題量（少 1 2 3 4 5 多）▼4 難易度（基 1 2 3 4 5 応）▼4 記述量（少 1 2 3 4 5 多）▼3	長文の読み取り、語句の意味、漢字、外来語など設問の幅が広い。長文問題では自分の言葉でまとめる問題もあり、考える力とともに記述力も重要。
社会（100）	問題量（少 1 2 3 4 5 多）▼3 難易度（基 1 2 3 4 5 応）▼3 記述量（少 1 2 3 4 5 多）▼4	標準的な問題がほとんど。しかし、時事問題などでは難解な問題も見られるので、知識の幅を広げておきたい。例年、短文記述の問題があるのでその対策は必要。

予想合格最低点	240点 ／400点満点中	面接／実技等	なし

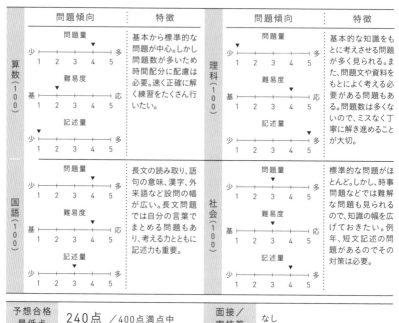

関西大学第一中学校

所在地	大阪府吹田市山手町	内進の条件	高校3年間の成績と高校3年次の2回の独自テスト
偏差値	男 ▸44 女 ▸45	他大学実績	京都大 ▸1 大阪大 ▸4 神戸大 ▸1 慶應大 ▸4 早稲田大 ▸3 上智大 ▸1
入試日	1月18日		
中1の人数	男 ▸141 女 ▸98		
小からの内進者	－		
高からの入学者	160人	推薦保持したままの外部受験	条件つきで可
6年間の学費	640万円		
系列大学への内部進学率	85%	有名400社への就職率	19.6%

落ち着いた教育環境の中で、目上の人への態度やあいさつ、服装や集団行動での規律など、中学生が見失いがちな基本的な生活習慣、受験勉強だけでは身につかない高校・大学進学に必要な真の学力、他人を思いやり、支えあう豊かな人間性を身につける教育を行う。

科目	問題傾向	特徴
算数（100）	問題量（少1〜5多）：3 難易度（基1〜5応）：2 記述量（少1〜5多）：1	基本から標準レベルの問題がほとんど。ミスをしないように丁寧に解く練習がもっとも重要。受験者平均得点が7割くらいなので、合格のためには取りこぼしを極力防ぐ必要あり。
理科（100）	問題量（少1〜5多）：4 難易度（基1〜5応）：2 記述量（少1〜5多）：3	基本的な問題の出題が多い。難問は特に見られないが、大問数が8〜9と多いので、各分野、満遍なく学習しておきたい。
国語（100）	問題量（少1〜5多）：2 難易度（基1〜5応）：3 記述量（少1〜5多）：2	論説文または説明文が1題、物語文または随筆から1題、知識問題の大問3題で構成されている。ほとんどが記号・抜き出しの問題だが、1問だけ自分の言葉で説明する問題が含まれている。
社会（100）	問題量（少1〜5多）：5 難易度（基1〜5応）：3 記述量（少1〜5多）：1	小問数が70以上と試験時間50分に対して多い。出題レベルは標準的で難問は見られない。語句、人名、地名などでは漢字指定に注意。

予想合格最低点	285点 ／400点満点中	面接／実技等	なし

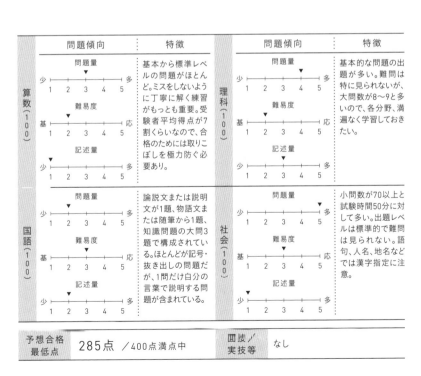

関西大学北陽中学校

所在地	大阪市東淀川区上新庄	内進の条件	高校3年間の成績と高校3年次の3回の実力テスト
偏差値	男 ▸37 女 ▸37		
入試日	1月16・17日	他大学実績	神戸大 ▸2 横浜国大 ▸1 防衛大 ▸1 兵庫県立大 ▸2 慶應大 ▸1
中1の人数	男 ▸71 女 ▸49		
小からの内進者	―		
高からの入学者	280人		
6年間の学費	580万円	推薦保持したままの外部受験	条件つきで可
系列大学への内部進学率	61%	有名400社への就職率	19.6%

「何事にも全力で取り組む生徒を育成し、ひとりひとりの自立に向けた力を伸ばす」ことを目標にしている。豊富な授業時間のもと、基本の反復により基礎的な知識を身につけるとともに、中高一貫教育を推進するため、英数国を中心に発展的学習を取り入れ、さらなる学力向上を図っている。また、目に見える学力だけでなく、大学併設校のスケールメリットを生かし、関西大学と独自の連携プログラムを実施するなど、身につけた知識を活用する取り組みも行っている。

科目	問題量（少1〜多5）	難易度（基1〜応5）	記述量（少1〜多5）	特徴
算数（100）	3	2	1	標準的な問題が多いが、やや複雑な問題も含まれる。出題単元に偏りは見られないため、苦手単元を作らないように学習しておくことが大切。
国語（100）	4	2	2	論説文または説明文と、物語文が1題ずつ出題される。本文がやや長いときがある。設問は、内容理解や適語補充など基本的な読解が中心。30字から60字程度の記述もあるので、練習が必要。
理科（50）	4	2	1	問題レベルは基本的なものから標準的なものが中心。まれに、解答に時間がかかる問題も含まれるので、時間の使い方に注意が必要。
社会（50）	3	2	1	大問は、地理、歴史、公民から各1題ずつの出題となっている。公民は地理、歴史に比べると設問数はやや少なめ。記号選択と用語記入問題がほとんど。

予想合格最低点	155点 ／300点満点中	面接／実技等	なし

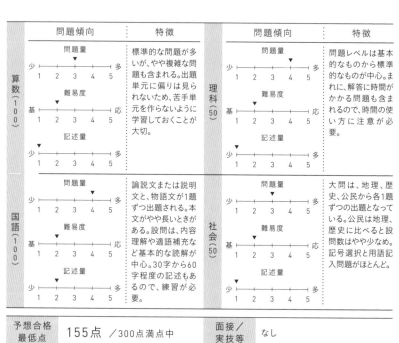

関西学院中学部

所在地	兵庫県西宮市上ケ原一番町	内進の条件	学業成績での基準+面接試験
偏差値	男 ▸51 女 ▸54		
入試日	1月18・21日	他大学実績	兵庫県立大 ▸ 1 慶應大 ▸ 2 早稲田大 ▸ 3 兵庫医科大 ▸ 3
中1の人数	男 ▸138 女 ▸110		
小からの内進者	80人		
高からの入学者	120人		
6年間の学費	620万円	推薦保持したままの外部受験	不可
系列大学への内部進学率	92.7%	有名400社への就職率	26.2%

建学の精神は「キリスト教主義による人間教育」。心から人のために尽くすことを学ぶのが基本。同窓生は20万人を超え、先輩たちは世界各国で活躍している。"Mastery for service"というスクールモットーのもと、高等部・大学・大学院・専門職大学院まで続く一貫教育の礎として五つの柱、Aキリスト教主義=隣人愛の精神、B読書、C英語、D体育、E芸術、を立てて、独自カリキュラムで指導する。

キャンプや国際交流、クラブ活動、そして伝統の師弟同行(教員や卒業生による率先垂範)の実践により生徒を大きく成長させる。

科目	問題傾向	特徴
算数(200)	問題量(少1–5多):▼3 難易度(基1–5応):▼2 記述量(少1–5多):▼5	難易度は高くなく、奇をてらった問題も見られないので、しっかり準備してきた受験生にとっては対応は難しくないはず。しかし、式や考え方を書かせる問題が多いので、その対策は必須。
理科(100)	問題量(少1–5多):▼4 難易度(基1–5応):▼3 記述量(少1–5多):▼2	ほとんどが参考書や問題集で一度は見たことがある問題で難易度は高くない。しかし、一部に問題を読み取る力や情報・データを正確に扱う力が問われているので注意が必要。
国語(200)	問題量(少1–5多):▼3 難易度(基1–5応):▼3 記述量(少1–5多):▼5	長文読解問題が、説明的文章と物語文または随筆文の2題出題される。いずれも記述式の設問が多いので、その対策が重要。また、時間配分にも注意が必要。
社会( )	問題量(少1–5多) 難易度(基1–5応) 記述量(少1–5多)	社会の問題は未分析。

予想合格最低点	360点 /500点満点中	面接/実技等	面接あり A日程入試(受験生のみ、グループ面接)、帰国生入試(保護者同伴)/B日程入試は面接なし

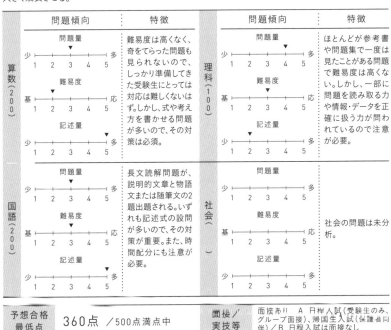

関西学院千里国際中等部

所在地	大阪府箕面市小野原西
偏差値	男 ▸42 女 ▸42
入試日	1月19日
中1の人数	男 ▸25 女 ▸48
小からの内進者	ー
高からの入学者	帰国生
6年間の学費	790万円
系列大学への内部進学率	42%

内進の条件	高校3年間の成績などを基準
他大学実績	京都工繊大 ▸1 慶應大 ▸1 早稲田大 ▸7 上智大 ▸5
推薦保持したままの外部受験	不可
有名400社への就職率	26.2%

学校のミッションは「知識と思いやりを持ち、創造力を駆使して世界に貢献する個人を育てる」こと。それを達成する重要な要素は、大阪インターナショナルスクール（OIS）とともにあることである。OISは同じキャンパス内にあり、一部の授業およびクラブ、特別活動を合同で行っている。そのような環境のもと、多彩な文化のもとで生活してきた生徒たちの体験や視点を十分に生かした教育＝真の国際教育が行われている。

科目	問題傾向	特徴
算数（40）	問題量：少 1 ▼2 3 4 5 多 難易度：基 1 ▼2 3 4 5 応 記述量：少 1 2 3 4 ▼5 多	基本レベルの問題が中心。しかし、すべての問題で途中の計算や考え方を書かせるので、その対策は必須。
国語（40）	問題量：少 1 ▼2 3 4 5 多 難易度：基 1 2 ▼3 4 5 応 記述量：少 1 ▼2 3 4 5 多	大問は2題。2題はいずれも長文問題で、物語文と説明文が出題されている。漢字や言葉の知識などは長文問題の中で出題される。
理科（ ）	問題量：少 1 2 3 4 5 多 難易度：基 1 2 3 4 5 応 記述量：少 1 2 3 4 5 多	なし
社会（ ）	問題量：少 1 2 3 4 5 多 難易度：基 1 2 3 4 5 応 記述量：少 1 2 3 4 5 多	なし

予想合格最低点	54点 ／80点満点中	面接／実技等	面接（生徒）あり

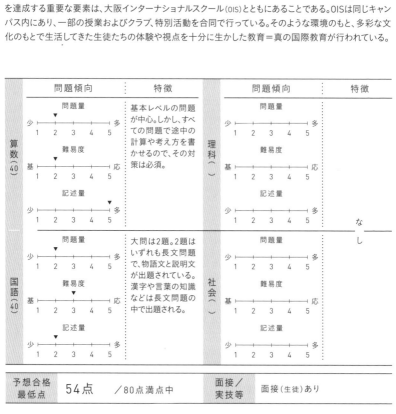

同志社中学校

所在地	京都市左京区岩倉大鷺町
偏差値	男 ▸51 女 ▸51
入試日	1月18日
中1の人数	男 ▸154 女 ▸142
小からの内進者	70人
高からの入学者	80人
6年間の学費	550万円
系列大学への内部進学率	86.7%

内進の条件	成績順で学部が決定
他大学実績	大阪大 ▸1 名古屋大 ▸2 滋賀医大 ▸2 京都府立医大 ▸1 高知大(医) ▸1 早稲田大 ▸1
推薦保持したままの外部受験	不可
有名400社への就職率	31.6%

小・中・高・大一貫教育の下で同志社中学校では、考える力・感じる力・表現する力を養うとともに、知性と個性を存分に伸ばしていく「全人教育」を実施している。中学では、「ほんもの」にふれる機会を多く持たせ、物事の真理や本質を探ることの大切さが重視されている。学校生活は「朝の礼拝」から始まる。中学においても高校においても「自由・自治・自立」が基本とされている。

科目	問題傾向	特徴
算数(40)	問題量（少 1 2 3 4 5 多）：▼3 難易度（基 1 2 3 4 5 応）：▼3 記述量（少 1 2 3 4 5 多）：▼1	問題数は16から17と多くないが、試験時間が40分と短いため標準的な問題数といえる。また、40分という時間の感覚は身につけておきたい。問題レベルは高くはない。
理科(40)	問題量（少 1 2 3 4 5 多）：▼4 難易度（基 1 2 3 4 5 応）：▼2 記述量（少 1 2 3 4 5 多）：▼1	基本的な問題がほとんど。基本的知識および計算による解法がしっかり学習できていれば、対応に困ることはない。高得点勝負の入試が予想されるため、ミスをおかさない対策が必要。
国語(40)	問題量（少 1 2 3 4 5 多）：▼4 難易度（基 1 2 3 4 5 応）：▼2 記述量（少 1 2 3 4 5 多）：▼2	長文問題1題と漢字、文法の知識問題で構成される。長文の素材は物語文、論説文、説明文など様々。設問が多いことが特徴。
社会(40)	問題量（少 1 2 3 4 5 多）：▼3 難易度（基 1 2 3 4 5 応）：▼2 記述量（少 1 2 3 4 5 多）：▼1	全体的に標準的な問題で、難問は見られない。リード文の題材としてNHK大河ドラマや絵本が取り上げられるなど特徴的な出題も。記号選択問題が中心だが漢字指定の用語記入問題も見られる。

予想合格最低点	120点 ／160点満点中	面接／実技等	なし

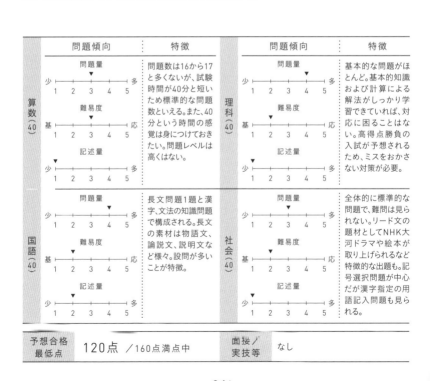

同志社女子中学校

所在地	京都市上京区今出川通寺町西入	内進の条件	高校3年間の成績
偏差値	女 ▸42		
入試日	1月18・19日	他大学実績	京都大 ▸1 大阪大 ▸1 神戸大 ▸1 滋賀医大 ▸1 早稲田大 ▸1
中1の人数	女 ▸246		
小からの内進者	−		
高からの入学者	20人		
6年間の学費	570万円	推薦保持したままの外部受験	不可
系列大学への内部進学率	80%	有名400社への就職率	31.6%

中学から、同志社大・同志社女子大への推薦入学を基本とするリベラル・アーツコースと、理系難関大合格を目指すワイルド・ローヴァーコースに分かれている。リベラル・アーツコースでは、自由度の高いカリキュラムで、きめ細かく指導が行われる。高3では希望進路に沿って週16時間の科目選択制が設けられるほか、同志社大の公開講座が受講できる。ワイルド・ローヴァーコースでは、早い段階から理系の科目を重点的に学ぶため、中学で土曜日に特別授業が行われる。中高の6年間は、夏・冬・春期講習も実施される。高校3年次の1学期に高校の教科書内容を終了し、大学受験に備えた体制を整えている。

科目	問題傾向	特徴
算数（100）	問題量：少 1 2▼ 3 4 5 多 難易度：基 1 2▼ 3 4 5 応 記述量：少 1 2▼ 3 4 5 多	基本的な問題がほとんどであるが、求め方を書かせる問題が1問出題されている。確実に得点するためには、日頃からノートに考え方、求め方を丁寧に書く練習が必要。
国語（100）	問題量：少 1 2▼ 3 4 5 多 難易度：基 1 2▼ 3 4 5 応 記述量：少 1▼ 2 3 4 5 多	物語文と説明文または論説文が各1題出題されている。文章は比較的長めで、ほかに大問がないことから設問数も多めになっている。記号選択及び抜き出しの設問がほとんどで、記述は少ない。
理科（100）	問題量：少 1 2 3▼ 4 5 多 難易度：基 1 2▼ 3 4 5 応 記述量：少 1▼ 2 3 4 5 多	問題文を理解し、筋道を立てて答えを導き出すことを求める問題が多いことが特徴として挙げられる。語句などの知識を覚えるだけでなく、問題の把握、整理、そこから考える練習が必要。
社会（100）	問題量：少 1 2 3 4▼ 5 多 難易度：基 1 2▼ 3 4 5 応 記述量：少 1▼ 2 3 4 5 多	全体的に基本的な問題で、難問は見られない。問題数が多いことから、速く正確に解くことが求められる。記号選択式が中心だが、語句・人名・地名を記入する問題では漢字指定もある。

予想合格最低点	275点 ／400点満点中	面接／実技等	自己推薦入試は作文＋個人面接

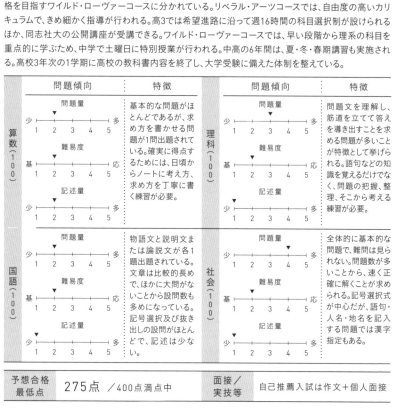

同志社香里中学校

所在地	大阪府寝屋川市三井南町	内進の条件	成績順で学部が決定
偏差値	男 ▸50 女 ▸50	他大学実績	
入試日	1月18・20日		
中1の人数	男 ▸125 女 ▸118		
小からの内進者	―		
高からの入学者	80人		
6年間の学費	510万円	推薦保持したままの外部受験	不可
系列大学への内部進学率	92%	有名400社への就職率	31.6%

中学では確かな基礎学力の養成と人格形成に重きを置いた学習機会が多く用意されている。1年次の英語では1クラスを2分割した少人数制で日本人教員とネイティブ教員によるチームティーチングが行われている。また、情報教育も重視し、ICT機器やパワーポイントなどを活用し、情報分析力や表現力の向上も図られている。高校では、進学後の高度な学びに対応できる力を養う。少人数教育やチームティーチングできめ細かな指導を展開するほか、多彩な研修プログラムやボランティア活動などへの取り組みを通して、知・徳・体のバランスのとれた全人教育を目指している。

教科	問題傾向	特徴
算数（120）	問題量（少1〜5多）：▼3 難易度（基1〜5応）：▼2 記述量（少1〜5多）：▼1	大問は、計算問題が1題、文章題と図形問題が各3題ずつ。難問は見られないが、基本事項をもとにした工夫と応用が必要な問題も含まれる。
理科（80）	問題量（少1〜5多）：▼5 難易度（基1〜5応）：▼2 記述量（少1〜5多）：▼1	選択式の出題が中心だが、問題量が多く、説明文の内容も紛らわしいものがある。実験・観察問題が多い。教科書の実験・観察についてしっかり理解しておくことが必要。
国語（120）	問題量（少1〜5多）：▼4 難易度（基1〜5応）：▼3 記述量（少1〜5多）：▼2	長文は、物語文と論説文が各1題ずつ出題されている。表面的な読解力ではなく、文章内容の本質を理解する力が問われる設問が見られる。漢字は読み3問、書き8問がここ数年の傾向。
社会（80）	問題量（少1〜5多）：▼3 難易度（基1〜5応）：▼2 記述量（少1〜5多）：▼1	問題は、教科書レベルのものが中心。用語に関しては、特別な指示がある場合を除き、漢字で書くことが要求されていることが特徴。

予想合格最低点	280点 ／400点満点中	面接／実技等	なし

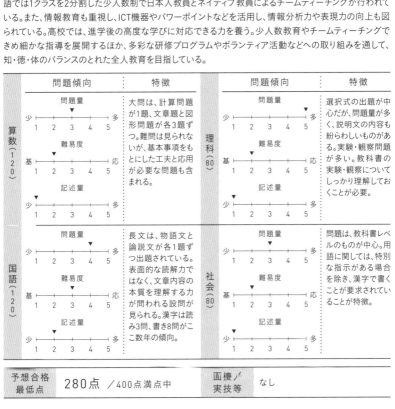

同志社国際中学校

所在地	京都府京田辺市多々羅都谷	内進の条件	成績順で学部が決定
偏差値	男 ▸50 女 ▸50		
入試日	1月21日	他大学実績	東京理科大 ▸ 1
中1の人数	男 ▸45 女 ▸88		
小からの内進者	56人		
高からの入学者	135人		
6年間の学費	550万円	推薦保持したままの外部受験	不可
系列大学への内部進学率	86.9%	有名400社への就職率	31.6%

大学進学を見据えた特色あるカリキュラムによって、同志社の「知・徳・体」の全人教育を一貫して実践している。また生徒は、自由で明るい学校生活の中、個性を伸ばし、興味を見つけ、それらをじっくりと追求することができる。校風だけでなくあらゆる教育活動においても、自由と多様性を最大限に生かしている。同志社大学・同志社女子大学および他大学への推薦制度があり、中高大の一貫教育が充実しているため、大学受験のみにとらわれない本来の教育が展開される。全体の3分の2が帰国生であることも特徴。

科目	問題傾向	特徴
算数（100）	問題量（少1〜5多）：▼1 難易度（基1〜5応）：▼1 記述量（少1〜5多）：▼1	計算問題・文章題・図形問題などが幅広く出題される。全体的に基本的な問題で、難問は見られない。ミスを排除し高得点を取ることが必須。
理科（100）	問題量（少1〜5多）：▼1 難易度（基1〜5応）：▼1 記述量（少1〜5多）：▼1	全体的に基本的な問題で、難問は見られない。生物、地学、化学、物理からバランスよく出題されていて、考える問題と計算問題が出題。理科についてもケアレスミスは許されない。
国語（100）	問題量（少1〜5多）：▼4 難易度（基1〜5応）：▼3 記述量（少1〜5多）：▼3	文章題2題と知識問題で構成。近年の文章題は物語文1題と随筆、論説文から1題。知識は、語彙力や文法など幅広く出題され、漢字も含めしっかり練習しておくことが必要。
社会（100）	問題量（少1〜5多）：▼5 難易度（基1〜5応）：▼3 記述量（少1〜5多）：▼4	難問は見られないが、問題量、短文記述の数ともに多いことから、試験としては簡単ではないはず。資料集や参考書を見て要点をまとめる練習が有効。

予想合格最低点	225点 ／300点満点中	面接／実技等	なし

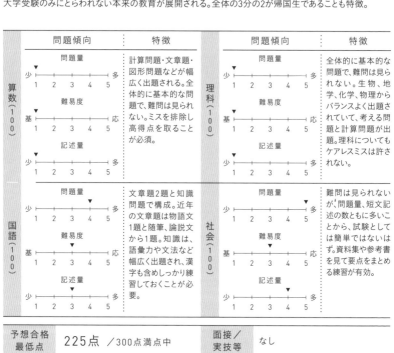

立命館中学校

所在地	京都府長岡京市調子	内進の条件	高校3年間の学業成績を基準に総合的に評価
偏差値	男 ▸42 女 ▸42	他大学実績	京都大 ▸8 大阪大 ▸4 北海道大 ▸2 滋賀医大 ▸1 早稲田大 ▸2 慶應大 ▸2
入試日	1月18・19日		
中1の人数	男 ▸137 女 ▸139		
小からの内進者	98人		
高からの入学者	150人	推薦保持したままの外部受験	不可
6年間の学費	700万円		
系列大学への内部進学率	71%	有名400社への就職率	23.9%

「自由と清新」の建学精神のうえに、「平和と民主主義」を教学理念とし、特色ある教育を築きあげてきた。一貫教育を通じて、豊かな人間性と高い倫理観、深い教養を兼ね備えた社会の発展に貢献できるリーダーの育成を目指しているが、大学受験にも対応できる学力の強化、国際教育の強化（英語のコミュニケーション能力の強化）、サイエンス教育の強化（論理的思考力・分析力の強化）を重点目標として、コース・プログラムを設定している。

科目	問題傾向	特徴
算数（100）	問題量：3（少1〜多5） 難易度：4（基1〜応5） 記述量：1（少1〜多5）	難易度は標準よりもやや高い。幅広い分野からの複合的問題が多く見られる。問題が長文になっているものもしばしば出題される。確実な基礎力をベースに、柔軟な思考ができることが望ましい。
国語（100）	問題量：2（少1〜多5） 難易度：4（基1〜応5） 記述量：4（少1〜多5）	長文問題重視の傾向あり。例年論説文または説明文と物語文が1題ずつ出題されている。国語の知識は漢字の書き取りも含め、長文問題の中で問われる形式。
理科（50）	問題量：3（少1〜多5） 難易度：3（基1〜応5） 記述量：3（少1〜多5）	標準的な問題がほとんどで解答しづらいものはあまり見られない。一つの大問に複数の分野の設問が配されることがあり、問題文を把握する力と効率よく考える力を養成することが不可欠。
社会（50）	問題量：3（少1〜多5） 難易度：3（基1〜応5） 記述量：2（少1〜多5）	短文記述で説明させる問題が毎年出題される。勉強の中で得た知識を短い文にまとめる練習が効果的。漢字指定の出題も多く注意が必要。

予想合格最低点	200点 ／300点満点中	面接／実技等	前期日程A方式入試のみ面接あり

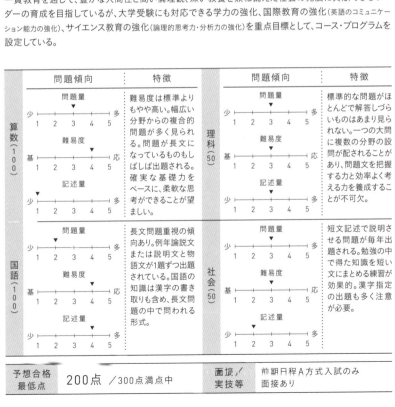

立命館宇治中学校

所在地	京都府宇治市広野町八軒屋谷	内進の条件	高校3年間の学業成績を基準に総合的に評価
偏差値	男 ▸43 女 ▸42		
入試日	1月18・20日	他大学実績	京都工芸繊維大 ▸3 早稲田大 ▸1 上智大 ▸6
中1の人数	男 ▸101 女 ▸78		
小からの内進者	ー		
高からの入学者	160人	推薦保持したままの外部受験	不可
6年間の学費	650万円		
系列大学への内部進学率	80%	有名400社への就職率	23.9%

立命館の建学の精神「自由と清新」と教学理念「平和と民主主義」に基づき、卓越した言語能力に基づく知性と探究心、バランスのとれた豊かな個性、正義と倫理に貫かれた寛容の精神を身につけた未来のグローバルリーダーを育成し、世界と日本の平和的発展に貢献することを目指す。

試験で点数をとるためだけの勉強から脱却して大学でも通用する「学び」のスタイルを身につけることを重視する。

	問題傾向	特徴
算数（120）	問題量：3（少 1 2 3 4 5 多） 難易度：3（基 1 2 3 4 5 応） 記述量：1（少 1 2 3 4 5 多）	標準的な問題が中心だが、ミスをしやすい問題も含まれているので、問題文をよく読むなど注意が必要。
理科（80）	問題量：3（少 1 2 3 4 5 多） 難易度：3（基 1 2 3 4 5 応） 記述量：4（少 1 2 3 4 5 多）	やや難易度の高い問題も含まれるが、基本的な問題が中心。記述問題が増加傾向にあるので、しっかり練習しておくことが不可欠。
国語（120）	問題量：4（少 1 2 3 4 5 多） 難易度：3（基 1 2 3 4 5 応） 記述量：2（少 1 2 3 4 5 多）	長文は、例年物語文と説明文の2題。脱文挿入や段落分けなどについても問われているので、日頃から、練習量を確保しておくこと。また、漢字・熟語・ことわざ・慣用句も頻出。
社会（80）	問題量：3（少 1 2 3 4 5 多） 難易度：3（基 1 2 3 4 5 応） 記述量：2（少 1 2 3 4 5 多）	基本的な問題が中心。ただし、分野を問わず資料集などの図や写真を見ておくことが大切。世界的なイベントやスポーツなどの時事問題もしばしば見られるので、新聞やニュースで情報を得ておくこと。

予想合格最低点	230点 ／400点満点中	面接／実技等	面接あり

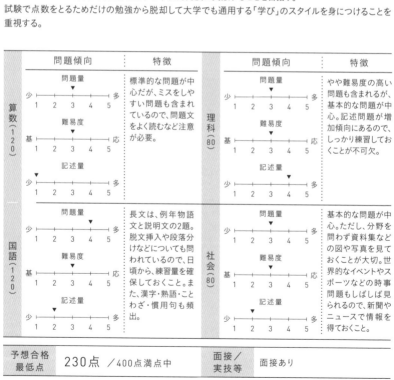

立命館守山中学校

所在地	滋賀県守山市三宅町	内進の条件	高校3年間の学業成績を基準に総合的に評価
偏差値	男 ▸39 女 ▸40	他大学実績	滋賀医大 ▸ 2 岐阜大（医） ▸ 1 大阪府大 ▸ 1 自治医大 ▸ 1 東京理科大 ▸ 3
入試日	1月18・21日		
中1の人数	男 ▸77 女 ▸86		
小からの内進者	―		
高からの入学者	160人	推薦保持したままの外部受験	不可
6年間の学費	660万円		
系列大学への内部進学率	80%	有名400社への就職率	23.9%

立命館学園の一員としてのアイデンティティーを持ち、「自由と清新」「平和と民主主義」を理解し、国際社会や地域社会で活躍できる高い能力や倫理観、市民道徳を有する国際人を育成することを目標としている。立命館大学・立命館アジア太平洋大学への推薦制度をもつ優位性と、医学系等国公立大学進学の指導実績を生かし、将来の夢実現のための確かな学力と豊かな人間性を高める。2018年度から、中高6年間のカリキュラムを2年ごとに区切り、発達段階に応じた教育課程と系統的な探究・研修プログラムを設置した。

科目	問題量（少 1〜5 多）	難易度（基 1〜5 応）	記述量（少 1〜5 多）	特徴
算数（120）	▼4	▼3	▼2	標準的な問題がほとんどだが、まれに難易度の高い問題が含まれる。しかし、問題文の条件を把握、整理できれば対応できない問題ではない。
理科（80）	▼3	▼2	▼5	ほとんどが基本的な問題。しかし、短文記述が例年複数出題される。図示して答える問題も含めて対応できるようにしておきたい。
国語（120）	▼3	▼3	▼4	長文問題が例年2題出題されている。問題文が長めなので、時間配分には気をつけたい。また、50字程度の記述問題も見られるので、少ない時間でまとめる練習をしておきたい。
社会（80）	▼4	▼3	▼3	基本的な問題が多いが、一部難易度の高い問題も含まれる。問題数が多めなので、時間配分には十分気をつけたい。約半数は記号選択。短文記述が複数出題される。

予想合格最低点	210点 ／400点満点中	面接／実技等	かがやき21入試（自己推薦入試）で作文・面接

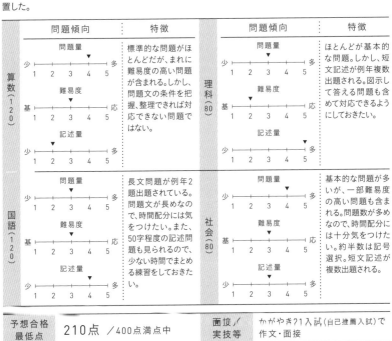

立命館慶祥中学校

所在地	北海道江別市西野幌	内進の条件	高校3年間の学業成績を基準にTOEFLのスコアなども考慮
偏差値	男 ▸45 女 ▸45 （データがないので男女とも講師による予測偏差値）	他大学実績	東京大 ▸ 6 京都大 ▸ 5 北海道大 ▸ 28 早稲田大 ▸ 12 札幌医大 ▸ 4 防衛医大 ▸ 2
入試日	1月8・10日		
中1の人数	男 ▸87 女 ▸94		
小からの内進者	−		
高からの入学者	305人	推薦保持したままの外部受験	条件つきで可
6年間の学費	540万円		
系列大学への内部進学率	51.8%	有名400社への就職率	23.9%

生徒に示す目指すべき生徒像を「世界に通用する 18 歳」とし、中学校・高等学校6カ年一貫教育を通じて、人類と社会の発展に貢献できる、世界のリーダーとして「世界を変え、世界を支える人間となる」人材の育成を図る。中学から「道内研修」「京都研修」「ニュージーランド研修」、高2で「海外研修」と段階を追って経験や知識を広げ、言語や異文化を理解するだけでなく、自分を生かすフィールドとして考えられる18歳を育てることを目指している。

算数（120）

問題傾向

項目		1	2	3	4	5	
問題量	少			▼			多
難易度	基			▼			応
記述量	少			▼			多

特徴

難しい問題というよりも考えさせる問題が多く、総合的な力が試される。場面に応じて工夫して計算するなど、柔軟な対応が必要。

理科（80）

問題傾向

項目		1	2	3	4	5	
問題量	少			▼			多
難易度	基			▼			応
記述量	少				▼		多

特徴

基本的な問題が中心だが、いくつか難易度の高い問題が含まれている。短文記述や計算過程、グラフをかかせる問題があるので、普段から書く練習をしておくことが必要。

国語（120）

問題傾向

項目		1	2	3	4	5	
問題量	少		▼				多
難易度	基			▼			応
記述量	少			▼			多

特徴

長文読解問題が中心。設問数は少なめだが、記述問題の字数が多いため、時間配分には十分気をつけなければならない。また、語彙力も必要。

社会（80）

問題傾向

項目		1	2	3	4	5	
問題量	少		▼				多
難易度	基		▼				応
記述量	少					▼	多

特徴

基本的な問題が多く、難易度はそれほど高くない。しかし、社会事象への関心を問う問題など、考える力が求められている。また、2019年には100字以上200字以下の記述が出題された。

予想合格最低点	240点 ／400点満点中	面接／実技等	一貫コースにて作文あり

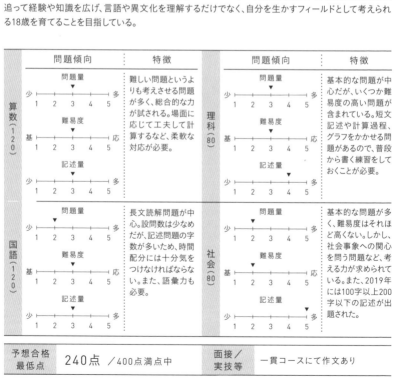

東邦大学付属東邦中学校

所在地	千葉県習志野市泉町	内進の条件	高校3年間の成績および模擬試験の結果などを基準
偏差値	男 ▸73 女 ▸74	他大学実績	東京大 ▸ 4 京都大 ▸ 3 東工大 ▸ 15 東北大 ▸ 12 防衛医大 ▸ 2 慶應大 ▸ 48 早稲田大 ▸ 69
入試日	1月21日、2月3日		
中1の人数	男 ▸187 女 ▸119		
小からの内進者	ー		
高からの入学者	若干名		
6年間の学費	515万円	推薦保持したままの外部受験	不可
系列大学への内部進学率	7.6%	有名400社への就職率	

中高一貫教育から生まれるゆとりを生かし、真に豊かな学力を持つ生徒を育成している。東邦中学高校の6年間は文系理系の別にとらわれず、幅広い教養知識を習得することから始まる。その後、高校2年生から未来の目標に向かって学んでいく専門学習がスタートをきる。また、演習や実験・実習を多く取り入れたプロセス重視のカリキュラムを導入することにより、真の理解と、自ら発展して学習・研究する力を養っている。

科目	問題傾向	特徴
算数（100）	問題量：少 1 2 ▼3 4 5 多 難易度：基 1 2 ▼3 4 5 応 記述量：少 ▼1 2 3 4 5 多	問題自体の難易度はそこまで高いものではないが、やや複雑な問題も出題されている。一つの問題に対し、複数の解法を持っておくことが有効。
理科（100）	問題量：少 1 ▼2 3 4 5 多 難易度：基 1 2 ▼3 4 5 応 記述量：少 ▼1 2 3 4 5 多	理科の基礎知識をもとに、整理しながら問題文を読む必要がある。時事問題や実験・観察の操作についての出題がしばしば見られることが特徴。
国語（100）	問題量：少 1 2 ▼3 4 5 多 難易度：基 1 ▼2 3 4 5 応 記述量：少 1 ▼2 3 4 5 多	記述式問題は少なく、ほとんどが選択式の問題。長文問題の設問の内容が幅広いことが特徴だが、何が語られているのかを整理することができれば対応は難しくない。
社会（100）	問題量：少 1 ▼2 3 4 5 多 難易度：基 1 2 ▼3 4 5 応 記述量：少 1 ▼2 3 4 5 多	大問は3題で、地理、歴史、公民の各分野から1題ずつという構成。どの問題も幅広い設問になっている総合問題形式が多い。丸暗記のような浅い知識では対応は難しい。

予想合格最低点	250点 ／400点満点中	面接／実技等	なし

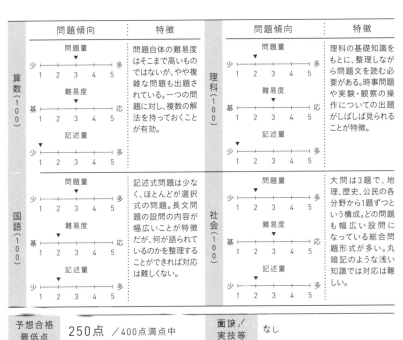

東海大学付属浦安高等学校中等部

所在地	千葉県浦安市東野	内進の条件	高校3年間の学習成績、学園統一の学力試験、部活動、生徒会活動などの総合的な評価
偏差値	男 ▸42 女 ▸42	他大学実績	慶應 ▸1 青山 ▸3 東京理科大 ▸2
入試日	1月20・24日		
中1の人数	男 ▸112 女 ▸45		
小からの内進者	―		
高からの入学者	250人		
6年間の学費	430万円	推薦保持したままの外部受験	不可
系列大学への内部進学率	79.3%	有名400社への就職率	7.2%

建学の精神に基づく一貫教育を柱にし、授業、行事、部・同好会活動など、すべての学校生活を通して、「人生にとってもっとも大切なものは何か」「いかに生きるべきか」を考え、しっかりしたものの見方や考え方を養っている。また、大学の教授陣や各研究所の協力、傘下諸学校との共同研究を通して、スケールメリットを生かした教育システムにふさわしい成果を上げ、高い評価を得ている。

	問題傾向	特徴
算数（100）	問題量：3（少 1 2 3 4 5 多） 難易度：1（基 1 2 3 4 5 応） 記述量：1（少 1 2 3 4 5 多）	算数の基本問題レベルの出題がほとんど。学習に穴ができないように基礎の定着をしっかりと図ること。
理科（50）	問題量：3（少 1 2 3 4 5 多） 難易度：1（基 1 2 3 4 5 応） 記述量：2（少 1 2 3 4 5 多）	基本問題レベルの出題がほとんど。実験器具や人体の部位の名称などを書かせる問題がやや多い傾向にある。
国語（100）	問題量：3（少 1 2 3 4 5 多） 難易度：2（基 1 2 3 4 5 応） 記述量：3（少 1 2 3 4 5 多）	大問は長文問題が二つと知識問題が一つ。長文の文章量は標準的で、記述も抜き出しが多く出題されており、答えやすい問題がほとんど。焦らずしっかりと問題に取り組むこと。
社会（50）	問題量：3（少 1 2 3 4 5 多） 難易度：2（基 1 2 3 4 5 応） 記述量：2（少 1 2 3 4 5 多）	基本レベルの知識が定着していれば十分に対応できる問題。一方で、用語記入の問題が多めに設定されているため、用語、人名等は確実に漢字で書けるようにしておくこと。

予想合格最低点	165点 ／300点満点中	面接／実技等	12月に行われる推薦入試では面接（個別）あり

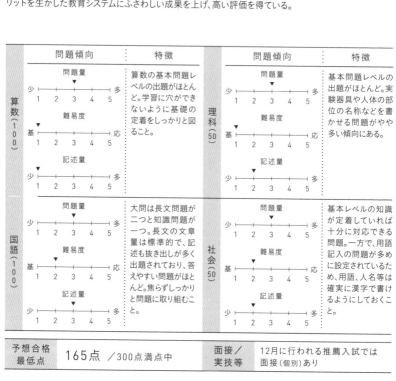

東海大学付属高輪台高等学校中等部

所在地	東京都港区高輪	内進の条件	高校3年間の学習成績、活動歴、学園基礎学力定着度試験の成績などの総合的な評価
偏差値	男 ▸42 女 ▸42	他大学実績	上智大 ▸ 1
入試日	2月1・3・5日		
中1の人数	男 ▸60 女 ▸28		
小からの内進者	―		
高からの入学者	340人	推薦保持したままの外部受験	不可
6年間の学費	500万円		
系列大学への内部進学率	86.3%	有名400社への就職率	7.2%

中等部・高校・大学の10年間の一貫教育を通して、自分の生き方を考える「現代文明論」「道徳」を中心とする授業と、ホームルーム活動で培った正しいものの見方、考え方のもとに、部活動やいろいろな学校行事の中で心身を鍛える。また、生徒の「なぜ？」から始まる「主体的・対話的で深い学び」の授業を通して、高い目標を掲げ、大きな夢と希望を星につなげられるような教育を実践している。

科目	問題傾向	特徴
算数（100）	問題量（少 1 2 3 4 5 多）：▼2 難易度（基 1 2 3 4 5 応）：▼1 記述量（少 1 2 3 4 5 多）：▼1	基本的な出題が大半を占める。出題単元に偏りはないので、すべての単元の解法、公式は身につけておきたい。
理科（50）	問題量（少 1 2 3 4 5 多）：▼3 難易度（基 1 2 3 4 5 応）：▼2 記述量（少 1 2 3 4 5 多）：▼1	生物、地学、化学、物理の各分野から、バランスよく出題される。また、「水溶液」に関する問題は高い頻度で出題されている。問題レベルは高くないので、確実性を持ちたい。
国語（100）	問題量（少 1 2 3 4 5 多）：▼2 難易度（基 1 2 3 4 5 応）：▼2 記述量（少 1 2 3 4 5 多）：▼1	漢字、文学史の出題頻度が高い。配点は高くないが、対策は必要。長文問題は内容の読解力を問うものがほとんど。
社会（50）	問題量（少 1 2 3 4 5 多）：▼3 難易度（基 1 2 3 4 5 応）：▼2 記述量（少 1 2 3 4 5 多）：▼1	地理、歴史、公民の各分野からバランスよく出題されている。時事的なニュースの出題が多く見られるので、新聞やニュースに触れておくこと。

予想合格最低点	200点 ／300点満点中	面接／実技等	なし

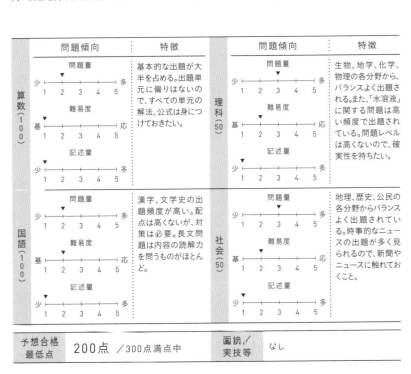

宿題管理表　原本

「早慶維新塾」で使っている宿題管理表です。拡大コピーして、ご家庭でもスケジュール管理にお役立てください。

使い方は、P.108 ～ 111 をご覧ください。

日		月　　日		月　　日		月　　日	
	確認	金	確認	土	確認	日	確認

日付	月　日		月　日		月　日		
	月	確認	火	確認	水	確認	
朝学習							
～							
～							
昼自習							
～							
～							
～							
夕自習							
～							
夜学習							

引用文献

p43　法政第二　社会（2012年）の設問
▼「法政大学第二中学校　5年間スーパー過去問　平成28年度用」（声の教育社刊）

p46　慶應普通部　社会（2009年）の設問
p53　慶應普通部　社会（2020年）の設問
p160　慶應普通部　国語（2020年）の設問
▼以上すべて、「慶應義塾普通部　10年間スーパー過去問　2021年度用」（声の教育社刊）

p46　早稲田実業　社会（2013年）の設問
▼「早稲田実業学校中等部　9年間スーパー過去問　2021年度用」（声の教育社刊）

p53　麻布　社会（2020年）の設問
▼「麻布中学校　10年間スーパー過去問　2021年度用」（声の教育社刊）

p144　立教新座　理科（2018年）の設問
▼「立教新座中学校　4年間スーパー過去問　2021年度用」（声の教育社刊）

p144　城北　理科（2019年）の設問
▼「城北中学校　4年間スーパー過去問　2020年度用」（声の教育社刊）

p162　早稲田佐賀　国語（2020年）の設問
▼「早稲田佐賀中学校過去入学試験問題集2021年春受験用」（教英出版）

参考文献

▼「首都圏版　中学受験案内2021年度用」（声の教育社刊）

▼「中学過去問」シリーズ（声の教育社刊）

▼「中学校別入試対策」シリーズ（英俊社刊）

▼「立命館慶祥中学校 2021年春受験用」（教英出版刊）

▼「大学付属校という選択」おおたとしまさ著（日本経済新聞出版刊）

▼「週刊ダイヤモンド」2020年3月14日号

［著者］
野田英夫（のだ・ひでお）
中学受験カウンセラー。株式会社MIRAINO代表取締役。4月19日、（ヨイジュク）をつくるため東京・市ヶ谷に生まれる。大手進学塾の専任講師から支部長、本社経営部門を歴任。在職中はトップ講師として5000人以上の生徒たちを難関校合格に導く。その後、独立し、東京・四ツ谷に早慶中学受験専門塾「早慶道場」を開校。2017年、東京・御茶ノ水に早慶中学受験専門の個別指導塾「早慶維新塾」を開校し、神田駿河台校、慶應三田校も開設。早慶道場時代から、12年連続早慶合格率ナンバー1を更新中。早慶合格率80%、大学付属校合格率100%を誇る。2020年には、早慶維新塾のDNAを受け継ぐ「早慶ゼロワン」を立ち上げる。付属校に特化した中学受験のノウハウを最もよく知る指導者として、「大学付属校は普通の子が合格できる」を合い言葉に、メディアでも活躍。著書多数。

中学受験　大学付属校　合格バイブル

2020年6月17日　第1刷発行
2022年6月23日　第4刷発行

著　者――野田英夫
発行所――ダイヤモンド社
〒150-8409　東京都渋谷区神宮前6-12-17
https://www.diamond.co.jp/
電話／03·5778·7233（編集）　03·5778·7240（販売）

ブックデザイン―上坊菜々子
校正――――石原里奈、島月 拓
ＤＴＰ―――エヴリ・シンク
製作進行――ダイヤモンド・グラフィック社
印刷――――加藤文明社
製本――――本間製本
編集協力――黒坂真由子
編集担当――井上敬子

ISBN 978-4-478-11092-8